CIBER SEGURIDAD

Guía completa para principiantes aprende los conceptos básicos y los métodos eficaces de la ciberseguridad

Tabla de Contenido

Introducción

El humano promedio opera en piloto automático todos los días. Hay acciones y actividades que realizamos desde el momento en que nos despertamos hasta el momento en que nos retiramos a la cama por la noche que se han convertido en parte de nosotros. Sólo subconscientemente realizamos estas acciones. Sin realizar ciertas actividades, uno probablemente no puede vivir una vida feliz y satisfactoria. Uno podría ni siquiera vivir en absoluto y terminar convirtiéndose en un tonto en la sociedad. Sin embargo, pasamos por estas acciones sin pensar. La mayoría de estas tareas son cosas que hemos aprendido a hacer a lo largo de los años, ya sea por necesidad o como un requisito.

Piénsalo. Después de despertar, una de las primeras cinco cosas que la mayoría de la gente hace es revisar sus teléfonos. Esto podría no haber sido el caso en el año 1995, pero en 2019, es una historia completamente diferente. Esta es una adaptación; hemos aprendido a adaptarnos a ciertos cambios en el entorno en el que vivimos, especialmente en el mundo de la tecnología.

La mayoría de las personas se despiertan, van al baño, se preparan para su rutina diaria y cierran la puerta detrás de ellos después de irse. Tal vez en los primeros minutos de claridad cuando llegan a su escritorio y beban su bebida favorita, se darán cuenta de que pueden haberse perdido algo. Ese es el momento en que te das cuenta de que todo en tu horario se ejecuta en piloto automático.

La mayoría de las cosas de su rutina diaria que se ejecutan en piloto automático lo hacen fuera de la lógica. Tiene sentido cerrar la puerta cuando salgas a trabajar como medida de seguridad. Revisa tu teléfono cuando te despiertas para ver si has recibido alguna notificación importante mientras dormías, lo que podría influir en tu día por delante. Te refrescas antes de salir de casa. Todas estas son acciones lógicas. Incluso cuando entras en tu coche, te pones el cinturón de seguridad, no porque tengas un accidente, sino porque es lógico hacerlo; el cinturón de seguridad podría protegerlo en el improbable caso de que usted esté involucrado en un accidente automovilístico.

La comprensión básica detrás de esta cadena de acontecimientos es que, en la vida, hay peligros a tu alrededor. Es posible que nunca los veas venir, y algunos pueden no ser muy frecuentes, pero en retrospectiva, siempre eres consciente de un riesgo. Para mitigar estos peligros, aprendes a hacer lógicamente algunos cambios en la vida, en tu rutina y, a veces, también en las personas que te rodean. Los mismos mecanismos que aprendes para maniobrar a través de la vida de manera segura y exitosa son los que enseñas a tus hijos para que ellos también puedan tener la oportunidad de tener éxito en la vida.

Avance rápido a un aspecto importante en su vida hoy en día y lo que algunos incluso considerarían un requisito previo: Internet. Usted tiene planes para hacer frente o mitigar la mayoría de los riesgos a los que está expuesto en la vida, pero ¿está listo para hacer lo mismo para su vida en Internet?

La mayoría de las personas hoy en día tienen una segunda vida en línea. Ya sea como individuo o como empresa, necesita una presencia en Internet por varias razones. Miles de millones de personas están conectadas a Internet a través de todo tipo de dispositivos. Hoy en día, el acceso a Internet está casi clasificado como una necesidad básica, junto con alimentos, ropa y refugio. Es casi inconcebible imaginar un mundo sin internet. La vida de la mayoría de las personas se desorganiza en caso de una interrupción de Internet; los arrebatos en las redes sociales cada vez que una de las plataformas de medios sociales es inaccesible es la prueba de este concepto.

El hecho es que su conexión a Internet es importante y probablemente una de las razones por las que se mantiene relevante hoy en día. Interactúas con el resto del mundo cuando realizas tareas como conectarte a una red inalámbrica, hacer clic en un enlace, acceder a una aplicación o un sitio web, interactuar por correo electrónico, comprar artículos en línea, publicar un artículo en línea, interactuar en las redes sociales cuentas, y así sucesivamente.

En estos días, incluso tienes aparatos conectados a tu teléfono y otros dispositivos que monitorean tus latidos del corazón, de modo que incluso cuando estás a kilómetros de distancia, tus seres queridos pueden mantener un ojo en tu salud y ayudarte a mantener el curso. ¡Oh, las gloriosas maravillas de internet!

Las empresas están trabajando duro para impulsar diferentes proyectos en línea en un intento de hacer el trabajo más fácil. Si alguna vez tiene dudas, hable con un contador. No tiene que pasar tiempo revisando recibos físicos y pensando en fórmulas contables cuando todo lo que realmente necesita hacer es tomar una foto de su recibo, y QuickBooks hará el resto, presentándole un informe de contabilidad mensual. Puede conectar su cuenta PayPal o una cuenta bancaria con QuickBooks y recibir un informe financiero completo al final del período de negociación que desee. ¿Qué significa esto para el usuario medio? Bueno, significa que no necesitas pagarle a un contador para preparar tus finanzas. Sin embargo, es posible que necesite un asesor financiero que le ayude a entender su posición monetaria.

Internet y la tecnología son mucho más que contabilidad. En los últimos tiempos, el mercado fiscal está sitiado por criptomoneda. Casi todo el mundo es consciente de las retenciones que Bitcoin y otras altcoins han presentado. Aparte de la fronting como monedas alternativas a la moneda fideia convencional, la mayoría de las plataformas criptomoneda son en realidad plataformas de desarrollo para diferentes proyectos. El elemento descentralizado de la criptomoneda tiene como objetivo eliminar a los intermediarios en los mercados financieros, conectando a los usuarios con sus servicios y proveedores de servicios deseados directamente.

Lejos de los mercados financieros, el internet de las cosas (IoT) es próspero, abrazado por muchos sectores en el mundo. Los cirujanos ahora pueden realizar operaciones muy delicadas con la ayuda de aparatos tecnológicos que nunca se hubieran considerado posibles hace unos años (Friedman, Metzler, Detmer, Selzer, & Meara, 2012). Las empresas han salido a la luz, desafiando el status quo y lo logrando. Empresas como Uber están prosperando en la industria del taxi sin poseer taxis. Airbnb está ejecutando una de las operaciones de hospitalidad más grandes del mundo sin poseer ninguna propiedad. Esto es simplemente la punta del iceberg cuando se miran las perspectivas de Internet.

En el corazón de todos estos desarrollos sorprendentes están los datos. Todos estos sistemas necesitan algún tipo de datos; sin ella, no serían más que esqueletos. Los datos son el proyecto sobre el que estos sistemas derivan sus vidas. Teniendo en cuenta la cantidad de datos necesarios y cosechados por los sistemas con los que interactuamos a diario, sólo se puede imaginar el valor de los datos de Internet. Con toda la información correcta, alguien puede crear una identidad similar pero alternativa de ti mientras vives una vida normal en una parte diferente del mundo. El robo de identidad no es un fenómeno nuevo.

La pregunta más importante en esta coyuntura, por lo tanto, es si debemos preocuparnos por todos estos datos sobre nosotros y nuestras vidas. Las empresas están pagando sumas ordenadas para acceder a sus datos. Otros lo están llevando a través de medios sin escrúpulos. Sin embargo, el denominador común son sus datos y obtener acceso a ellos. Desde empresas hasta gobiernos y otras organizaciones, todo el mundo está fuera para obtener sus datos por diferentes razones. Desde el mismo momento en que obtienes un dispositivo que puede recopilar algún tipo de información sobre ti, te unes a un sistema electrónico intrincado e interconectado. Mientras que este sistema funciona en gran medida para usted, casi con seguridad también funcionará en su contra. Todas las entidades que tienen derecho legal a acceder a sus datos podrían utilizarlos para tratar de entenderle mejor, adaptando sus servicios a sus necesidades. Por otro lado, estos datos también les permiten manipularlo para que haga algo específico. Influyen en tu lógica. Es posible que sientas que compraste algo en línea porque lo necesitabas, pero después de un análisis cuidadoso, te das cuenta de que fuiste coaccionado en la compra a través de sutiles juegos mentales.

En el otro lado del espectro de acceso a datos hay hackers. Los hackers son criminales, por falta de una palabra mejor. Por supuesto también tenemos hackers éticos (Gupta, 2019),que son chicos que hackean sistemas para determinar su vulnerabilidad y asesorar a empresas y entidades sobre cómo reforzar su aparato de seguridad (hablar de establecer un ladrón para atrapar a un ladrón).

El significado de un hacker es relativo. Mención de la palabra hacking casi siempre provoca respuestas negativas de los individuos. Sin embargo, dependiendo del contexto, un hacker no siempre es el malo. Por definición, un hacker es un investigador. Aprenden los detalles más finos sobre un sistema programable y cómo eludir las capacidades de estos sistemas. La diferencia entre un hacker y cualquier otra persona que también podría tener acceso al mismo sistema programable es que, mientras que la mayoría de la gente sólo aprende los conceptos básicos (o lo que es alimentado con cuchara para ellos), un hacker toma tiempo para aprender más de lo que todos los demás ven. Si sospechan de una vulnerabilidad, dedican tiempo y otros recursos para explotarla. Cuanto más sepa un hacker sobre un sistema, mejor para ellos.

Hoy en día, los delincuentes cibernéticos se conocen comúnmente como hackers, hackers de sombrero negro, atacantes, o crackers. Mientras que la mayoría de sus ataques se centran en robar dinero de sus víctimas, algunos hackers también van sobre sus crímenes sólo porque pueden. La satisfacción de acceder a algunas de las redes y sistemas más protegidos del mundo confiere a estos hackers derechos de presumir y respeto dentro del mundo de la piratería. Aparte de las ganancias financieras, también existen hacktivistas, que son individuos que atacan sistemas por una causa ideológica (Vegh, 2002).

Hay tantas razones por las que alguien podría estar interesado en hackear sus sistemas. Cada día, los hackers conforman nuevos métodos para obtener información importante y privilegiada sobre usted. Esta información se puede obtener voluntariamente o no. Teniendo en cuenta el hecho de que la mayoría de las empresas que son hackeadas apenas revelan la magnitud real del daño, algunas personas creen que las secuelas de una secuela bien orquestada podrían ser más caras que el costo de algunos desastres naturales, y todo esto sin causar cualquier persona daño físico.

Internet podría ser un buen lugar teniendo en cuenta lo ingenioso que es, pero al mismo tiempo, es el lugar más turbio de la tierra. Cada vez que estás en línea, siempre hay alguien al acecho que está listo para abalanzarse cuando menos lo esperas.

No importa quién seas; los peligros de Internet pueden ser el que le ocurra a cualquiera, ya sea que sea el Presidente de los Estados Unidos o un ciudadano común. Una de las cosas más importantes que debe entender acerca de la seguridad cibernética es que la idea de riesgo cero es un mito. Cualquiera que intente convencerte de que tu interacción con ellos en línea conlleva un riesgo cero te está vendiendo una mentira plana. Los riesgos se encuentran en todas partes en línea. Cada vez que haga clic en un enlace, existe el riesgo de que pueda haber sido secuestrado por los piratas informáticos antes de su acceso. Lo que debemos aprender a hacer es identificar estos ataques y tratar de evitar que se lleven a cabo. Protegerse a sí mismo, a sus redes y a sus dispositivos es lo más importante que puede hacer, al menos desde su parte. La prevención de los ciberataques es un proceso todo incluido en el que cada individuo que necesita acceso a Internet debe tirar de su peso.

No piense en la seguridad cibernética como una única obligación de las empresas de seguridad, ya que usted como individuo también tiene un papel que desempeñar en ella. Sus dispositivos se pueden utilizar inadvertidamente para hackear un sistema muy seguro, dejándole en un montón de problemas.

Teniendo en cuenta la naturaleza de las pérdidas que las empresas tratan después de un ataque cibernético (como aprenderá más adelante en este libro), usted tiene que jugar su parte diligentemente. Al igual que cierra satina su puerta y comprueba que está cerrada por razones de seguridad cuando salga de su casa por la mañana, también debe tomar las precauciones necesarias para proteger su acceso a Internet.

Nunca se sabe quién está mirando.

Capítulo 1

Fundamentos en la ciberseguridad

Los gobiernos, las empresas y los individuos hacen de la ciberseguridad una preocupación principal. No podemos ignorar la cruda realidad a la que nos enfrentamos hoy. La ciberseguridad es importante, pero es muy difícil de lograr. Hay tantas dinámicas en juego que complican la naturaleza de la seguridad cibernética, sin embargo, debemos esforzarnos por mantener un equilibrio frente a un ecosistema cibernético en constante evolución. El futuro de la seguridad cibernética depende de lo que hagamos al respecto hoy.

La mayoría de las vulnerabilidades se producen porque las partes pertinentes apenas entienden los fundamentos de la seguridad cibernética. Esta falta de comprensión genera otro problema, y esto es una exageración de las preocupaciones percibidas. Dado el atractivo de los incentivos políticos y comerciales, debemos volver a lo básico para comprender los fundamentos de la ciberseguridad, y a partir de ahí, debemos canalizar nuestros esfuerzos en la dirección correcta.

El concepto de ciberespacio

La ciberseguridad tiene que ver con el ciberespacio. El ciberespacio se refiere a un espacio interactivo que comprende redes digitales que recopilan, almacenan y manipulan información para facilitar diferentes formas de comunicación. Por lo tanto, el ciberespacio incluye Internet y una serie de sistemas que apoyan los servicios, la infraestructura y los participantes de Internet (Hunter & Huntert, 2003; Kohl, 2015).

Para cumplir con sus objetivos funcionales, el ciberespacio es una plataforma multicapa que se compone de lo siguiente:

Información – La información es lo que la gente busca en el ciberespacio. Desde transacciones financieras, textos y todas las formas de publicaciones en los medios de comunicación y las redes sociales, las personas se intercuentan en línea para interactuar entre sí con respecto a estas cosas. Esta información se almacena en diferentes medios, incluida la nube privada y pública, listo para su recuperación tan pronto como el usuario la solicite. Incluso después del acceso, la información todavía se almacena en bases de datos en todo el mundo y puede ser manipulada o modificada para adaptarse al creador o a las necesidades de la audiencia.

Fundamentos físicos – Los fundamentos físicos del ciberespacio incluyen satélites, cables submarinos, cables terrestres y cualquier otra cosa que proporcione una vía para la comunicación. Estos son los módulos de transmisión a través de los cuales se permite la comunicación. También incluyen routers, que garantizan que el destinatario destinado pueda acceder a la información retransmitida (y esperemos que nadie más).

Personas – Nosotros, las personas, somos los productores y consumidores de información compartida en el ciberespacio. También construimos todos los elementos lógicos y físicos del ciberespacio.

Bloques de creación lógicos: estos son los sistemas operativos, las aplicaciones y los navegadores web que nos permiten interactuar con los fundamentos físicos y acceder a la información en línea.

Estas capas conforman el ciberespacio. Necesitamos que trabajen de la mano todos los días para permitirnos el acceso a Internet y facilitar nuestro deseo de cumplir nuestros objetivos. Un ciberespacio eficiente es confiable. Funciona igual de un sector eficiente de la salud, el transporte o la energía. La mayoría de las personas dependen del ciberespacio y su eficiencia. Sin embargo, como sucede con cualquier sistema, el aumento de la dependencia siempre genera desafíos como la interrupción. Ya sea intencional o por accidente, la interrupción tiene costos terribles

Es muy fácil confundir Internet o la web para el ciberespacio. En las comunicaciones digitales, se trata de sistemas superpuestos, pero no son lo mismo. La mención de la seguridad cibernética casi siempre tiene personas que piensan en las vulnerabilidades de los dispositivos, computadoras o sitios web a los que acceden con frecuencia. El ciberespacio, sin embargo, es mucho más grande que eso. El ciberespacio es la culminación de las redes digitales en todo el mundo. El ciberespacio incluye protocolos de comunicación heredados y redes que están tan aisladas que no puedes acceder a ellos a través de Internet. Lo que la mayoría de la gente conoce y tiene acceso a es la red de protocolo de Internet (IP). Esto es de lejos sólo una punta del iceberg y el menor componente posible del ciberespacio. El hecho de que la red IP es una de las plataformas de comunicación más utilizadas y populares puede fácilmente engañar a creer que es todo lo que hay para el ciberespacio.

Dentro de Internet, tenemos la web. La web se refiere a las páginas a las que podemos acceder a través de nuestros navegadores web. Los términos "web" e "internet" se utilizan a menudo indistintamente, pero en realidad no son lo mismo. La mayoría de las discusiones sobre la seguridad cibernética se centran en asegurar Internet, porque aquí es donde la mayoría de la comunicación se lleva a cabo a escala global.

Para que las cuatro capas de ciberespacio trabajen en conjunto y apoyen el deseo de eficiencia, deben poseer tres características importantes: almacenamiento, velocidad y conectividad. Estas tres características representan todos los aspectos del ciberespacio. El entorno digital experimenta diferentes aspectos de nuestra interacción, ya sea positivo o negativo, se basa en estas tres cosas.

La mejor comprensión posible del ciberespacio y la seguridad cibernética comienza por aprender sobre las capas centrales del ciberespacio, sus características y estudiar su papel en la estabilidad y seguridad del espacio digital.

- **Almacenamiento** - La conectividad y la velocidad son dos de las características más importantes del ciberespacio. Antes de llegar a ellos, sin embargo, echemos un vistazo al almacenamiento. Sin las instalaciones de almacenamiento adecuadas, la velocidad y la conectividad serían inútiles. Piénsalo- ¿qué beneficio te sirve tener toda la velocidad y conectividad en el mundo cuando no puedes almacenar recursos para acceder a ellos cuando lo necesites?

Los discos duros siguen aumentando de tamaño. La gente los quiere más pequeños en tamaño físico, pero gigantescos en su capacidad de manejo. Puede ser difícil para la mayoría de la gente imaginar esto, pero hubo un tiempo en que los disquetes con unos pocos kilobytes de espacio era todo lo que necesitabas. Esto está actualmente empequeñecido por todos los terabytes de espacio al que tenemos acceso - y el potencial de almacenamiento sólo seguirá creciendo.

El almacenamiento no se trata solo de capacidad. El almacenamiento se basa en el rendimiento. El dispositivo de almacenamiento debe cumplir ciertos requisitos de velocidad de entrada/salida para la compatibilidad con algunos dispositivos. Esto explica por qué puede copiar un archivo más rápido en un determinado sistema operativo, pero copiar el mismo archivo podría ser más lento en otro.

- **Velocidad** - El ciberespacio evoluciona más rápido que el mundo físico. Lo que sea nuevo hoy podría estar desfasado en una semana. Este cambio dinámico es responsable de los muchos avances que disfrutamos hoy en día. La potencia de procesamiento de las computadoras es responsable de la velocidad. A medida que los ordenadores se vuelven más potentes, usted es capaz de realizar más tareas en un tiempo infinitamente corto. En el mundo digital, la velocidad lo es todo. Obtendrás más visitas si tu sitio web se carga en menos de tres segundos; la capacidad de atención de la mayoría de los usuarios hoy en día es tan corta. Cualquier cosa más de tres segundos, y el usuario se sentirá desanimado, buscando alternativas. Si abren otra pestaña, las posibilidades son altas que en tres minutos, habrán accedido a más de diez pestañas y probablemente se habrán olvidado de la primera pestaña que abrieron, que no se cargaron tan rápido como esperaban.

- **Conectividad** - Al menos el 40 por ciento de la población mundial tiene acceso a Internet a través de teléfonos inteligentes, tabletas, computadoras personales y computadoras portátiles. Además de estas formas tradicionales, el internet de las cosas introduce más puntos de acceso a Internet a través de sensores integrados en diferentes herramientas, electrodomésticos y equipos con los que interactúas en el trabajo, el hogar, la escuela, etc. Esto significa que, aparte de los elementos básicos de la conectividad, hay miles de millones de otros puntos de acceso a Internet que utilizamos de vez en cuando.

Beneficios de la conectividad

El efecto positivo de la red de una mayor conectividad a través de todos estos dispositivos ayuda a generar más beneficios y valor que las piezas individuales percibidas que trabajan de forma independiente. Cuantos más dispositivos hayamos conectado a Internet, más información se recopilará y compartirá. A medida que la red crece, por lo tanto, también lo hace su valor, especialmente en el valor de los datos mantenidos.

Hay muchos beneficios de la conectividad. Puedes enviar un correo electrónico a alguien en una parte remota del mundo y puede responder en segundos. Las redes sociales siguen floreciendo con el tiempo, y cuanto más amplio es su alcance, más valiosas son las redes. A través de una conectividad más amplia, es más fácil identificar y estudiar tendencias y hacer predicciones basadas en el análisis. Esto explica por qué el análisis de datos es actualmente uno de los campos más lucrativos que existen.

La conectividad eficiente también ayuda a salvar el desafío de la distancia detrás de la comunicación. Los mensajes se pueden compartir de forma fiable en todo el mundo. Hoy en día, las empresas están implementando espacios de trabajo remotos a través de los cuales sus empleados pueden trabajar desde casa y seguir contribuyendo a los objetivos de negocio (Meredith, 2005). Esto elimina la lucha de perder mucho tiempo en el tráfico. Al mismo tiempo, los hackers también confían en la conectividad de Internet. Funciona tan bien para ellos como para sus buenas obras.

Las ramificaciones de la conectividad, el almacenamiento y la velocidad de trabajo juntos son de gran alcance. Sin embargo, hay dos deducciones importantes que podemos obtener de esto. En primer lugar, el mundo digital en el que vivimos depende de las tecnologías digitales y, en la mayoría de los casos, la naturaleza de la dependencia no es evidente de inmediato. La mayoría de la comunicación digital es facilitada por Internet. Otras industrias que son igualmente importantes para la economía global, como las industrias de alimentos y transporte, también confían en Internet para reforzar su eficiencia y reducir los costos de transacción inherentes. Por lo tanto, Internet es el sistema nervioso central de la economía global, y sólo seguirá creciendo para satisfacer las crecientes demandas.

En segundo lugar, toda la tecnología es de doble uso (Fischer, 2005). Los beneficios que usted disfruta de una red eficiente son los mismos beneficios que un hacker necesita para explotar esa red. La mayoría de los responsables políticos tienden a ignorar la naturaleza de doble uso de la tecnología, y en el proceso, surgen soluciones percibidas a las preocupaciones sociales que generan más problemas a largo plazo.

Comprender la seguridad cibernética

Las características del ciberespacio discutidas anteriormente trabajan juntas para crear amenazas de la misma manera que crean oportunidades increíbles. A medida que el mundo de los negocios sigue creciendo, las amenazas se vuelven más sofisticadas y los costos de la corrección aún más altos. La seguridad cibernética consiste en proteger la disponibilidad, integridad y confidencialidad de la información.

No es fácil proteger redes y dispositivos, ya que necesitas protección contra todo tipo de ataques diferentes, algunos de los cuales ni siquiera eres consciente. El hacker, por otro lado, sólo necesita una vulnerabilidad para explotar. La evaluación de riesgos es importante en la seguridad cibernética. Sin embargo, también se está volviendo difícil evaluar los riesgos de manera efectiva, porque el alcance del ataque sigue creciendo con el tiempo. En su día, los hackers sólo necesitaban hackear computadoras. Hoy en día, hay muchos dispositivos conectados a Internet, y la mayoría de ellos son vulnerables. En el momento en que uno de estos dispositivos es explotado, cualquier red a la que esté conectado ya no es segura y tampoco los dispositivos están conectados a esa red.

Las economías modernas necesitan software para la funcionalidad. Piense en las redes de comunicación, el transporte, la seguridad nacional y las redes energéticas. Todas estas redes necesitan tecnología para funcionar y permitirnos llevar una vida normal y satisfactoria. No es fácil construir un buen software. Después de todo, sólo es bueno cuando se utiliza para el propósito correcto. Ese mismo software también puede ser utilizado por los piratas informáticos por razones nefastas. Las vulnerabilidades presentes en los sistemas informáticos y las redes crean una situación de riesgo para el acceso a la información, los secretos gubernamentales, la propiedad intelectual, etc. El tejido de Internet no es seguro.

Capítulo 2

Importancia de la seguridad cibernética

El mes de octubre hace que la gente se emocione por varias razones diferentes. Mientras que algunos están esperando el Oktoberfest, los becarios de tecnología esperan con ansias el Mes de la Seguridad Cibernética. [1] Este suele ser el momento en que las discusiones sobre seguridad cibernética, convenciones, etc. tienen prioridad. Esto no significa que estas discusiones tampoco se lleven a cabo durante todo el año. La importancia de la seguridad cibernética es tal que no se puede ignorar en cualquier momento.

La tecnología se ha apoderado de la forma en que llevamos nuestras vidas hoy en día. Desde redes profesionales hasta interacciones y colaboración en documentos de trabajo, confiamos en la tecnología para hacer tanto. El riesgo de compromiso para estas conexiones es muy alto, y las pérdidas prospectivas son igualmente mayores.

---

[1] Mes de la Seguridad Cibernética https://cybersecuritymonth.eu

La gente a menudo mira los riesgos de seguridad cibernética para las grandes y pequeñas empresas y asume que son los únicos objetivos para los ciberataques. Pueden ser los principales objetivos, teniendo en cuenta la cantidad de datos que recopilan y almacenan en sus servidores, pero los usuarios individuales son igual de vulnerables a los ataques. Mientras te conectes a Internet a través de cualquier dispositivo, nadie es demasiado pequeño o demasiado grande para sufrir un ataque cibernético.

Tomemos el Reino Unido, por ejemplo; la Encuesta [2] de Infracciones de Seguridad Cibernética informó que en 2017, casi el 43 por ciento de las empresas registradas en el Reino Unido estaban sujetas a algún tipo de violación cibernética. Como resultado de estos hacks, las víctimas perdieron archivos importantes, tenía nueces de su software, sistemas perdidos, pérdida de acceso a sitios web, y en algunos casos, pérdida de activos y propiedad intelectual.

Uno de los ataques más comunes hoy en día se lleva a cabo a través de la suplantación. Los atacantes se hacen pasar por un negocio y envían correo no deseado a sus clientes. Estos correos electrónicos a menudo se cargan con malware y virus. Esta es la misma manera que se llevan a cabo los ataques de phishing. La Oficina indicó además que, en promedio, las empresas terminan gastando más de

---

[2] Informe de infracciones de seguridad cibernética de 2017
https://assets.publishing.service.gov.uk/government/uploads/system/uploads/attac
hment_data/file/609186/Cyber_Security_Breaches_Survey_2017_main_report_P
UBLIC.pdf

$3,000 a raíz de estos ataques, que pueden tener consecuencias extremadamente negativas, especialmente en una pequeña empresa.

El costo no es ni siquiera el mayor problema; puedes perderlo todo. Si no toma las medidas de precaución adecuadas para proteger sus dispositivos, puede correr el riesgo de ir en la cárcel en el caso de que sus dispositivos se vean comprometidos y utilizados como un proxy a través del cual se llevó a cabo un ataque más grande. Mirando la exposición al riesgo, es aconsejable entender lo importante que es la seguridad cibernética. A continuación vamos a entrar en profundidad con respecto a por qué usted necesita para hacer de la seguridad cibernética una de sus prioridades más altas.

Consideraciones de costos

En 2015, Forbes informó que el mercado de seguridad cibernética valía al menos $75 mil millones. En ese momento, las proyecciones eran que esto aumentaría a más de[3] 170 mil millones de dólares para el año 2020. Estas cifras le proporcionan la comprensión más básica de lo importante que es centrarse en la seguridad cibernética.

Desde los activos digitales personales, los gobiernos y las empresas, la demanda de las mejores medidas de seguridad sigue aumentando día a día. En un informe de Cisco, se declaró que para el año 2020,

---

[3] Informe de infracciones de seguridad cibernética de 2017
https://assets.publishing.service.gov.uk/government/uploads/system/uploads/attac hment_data/file/609186/Cyber_Security_Breaches_Survey_2017_main_report_P UBLIC.pdf

habrá[4] una demanda descabellada de más de seis millones de empleos de seguridadcibernética. Este es un segmento que está creciendo a pasos agigantados, y es importante para todos los que necesitan acceso a Internet.

Los ciberataques son muy caros. Las empresas se han desmoronado a raíz de este tipo de ataques. Aparte del riesgo financiero involucrado, el impacto reputacional y psicológico que tienen los ataques es tremendo. Cuando sus datos personales (y en algunos casos, datos muy íntimos) son robados, es difícil comprender los riesgos reputacionales. Muchas personas se han suicidado cuando algunas de sus conversaciones íntimas se filtraron en línea. Esto es realmente lo costosos que pueden ser los ataques cibernéticos.

El negocio de la seguridad

Desde individuos hasta grandes empresas, la propiedad intelectual es una de las razones por las que la gente se encuentra en batallas judiciales que podrían haberse evitado. La gente está aprovechando las oportunidades creadas por el internet de las cosas y desarrollando soluciones increíbles a los problemas de hoy. Algo que comienza como un pasatiempo podría convertirse en el próximo Facebook de la noche a la mañana.

---

[4] Perspectivas futuras de empleo en seguridad cibernética
https://www.forbes.com/sites/stevemorgan/2016/01/02/one-million-cybersecurity-job-openings-in-2016/#2c3b573e27ea

Como resultado, todo el mundo está trabajando para proteger sus intereses. Para las empresas, es un riesgo aún mayor, dado que si sus recursos están expuestos, no sólo pueden perder de la violación de datos, sino que también corren el riesgo de una gran liquidación para compensar los daños a sus clientes.

Nadie es seguro

Cuando tomas un curso de conducción defensiva, no solo te estás protegiendo a ti mismo, sino que estás protegiendo a todos los demás conductores con los que podrías cruzarte. Lo mismo se aplica cuando se enferma con gripe y decide quedarse en casa; proteger a todos los demás mediante el confinar la gripe a su hogar en lugar de extenderla a todos los demás entre su hogar y la oficina. Estos mismos principios se aplican cuando se habla de seguridad cibernética.

Las medidas que tomes para proteger tus dispositivos no solo te mantendrán a salvo, sino que, por extensión, mucha gente en Internet también estará a salvo. Un dispositivo infectado se convierte en un host y conducto a través del cual otros dispositivos están infectados. Si sus dispositivos están infectados, cualquier router al que se conecte está en riesgo, especialmente aquellos que tienen medidas de seguridad deficientes. De ello se deduce que todos los dispositivos conectados a esa red también están en riesgo. En poco tiempo, una infección en un ordenador portátil personal en el aeropuerto podría propagarse a un bloque de oficinas en Manhattan y, a través de un archivo compartido, propagarse a Nueva Delhi, Johannesburgo y El Cairo en sólo unos segundos.

Teniendo en cuenta los riesgos involucrados, se nos alienta a crear conciencia sobre la seguridad cibernética. Enseñe a los niños acerca de la seguridad para que crezcan plenamente conscientes de los riesgos que los rodean. Es posible que los niños no necesariamente den la información de su tarjeta de crédito, pero podrían abrir inocentemente la puerta para que los delincuentes entren en su red.

El síndrome de contraseña débil es algo que afecta a muchas personas. Conveniencia razas compromiso. Usted elige una contraseña conveniente que usted puede recordar, incluso si se despierta en el medio de la noche y tiene que desenfocar para salvar su vida. Usas la misma contraseña en todos tus dispositivos, cuentas en línea y redes para facilitar el trabajo. Estos son todos los síntomas del síndrome de contraseña débil, y usted debe tratar de curarse de él. ¿por qué? Porque si alguien tiene esa contraseña, todas tus cuentas se verán comprometidas.

Hackers más inteligentes

Uno de los mayores desafíos para individuos, empresas, gobiernos y organizaciones en este momento es que los hackers se están volviendo más inteligentes y más audaces en el juego (Guo, 2016). Se dirigen directamente a entidades. En el pasado, los hackers utilizaban bots o ataques más débiles para comprometer los sistemas, y estos sólo funcionaban cuando se abrían los enlaces compartidos por los hackers.

Hoy en día, tenemos protocolos de seguridad en su lugar que hacen que algunas de estas técnicas sean inútiles. Sin embargo, los hackers no han estado descansando en sus laureles. Han estado trabajando tan duro como las empresas de seguridad han sido para protegerte. En el punto de vista, SamSam es un grupo de hackers que incumplieron los discos duros de los usuarios, exigiendo el pago para devolver la información a los usuarios. Ellos rastrillaron en un montón de dinero en el proceso.

La mayoría de los hackers que obtienen información personal lo intercambian en la web oscura. Una vez que sus datos son negociados, especialmente si el comprador o el hacker se las arregla para cifrarlo, usted se vuelve vulnerable a cualquier posible ataque. Eres un pato sentado en ese momento.

El panorama de amenazas también sigue evolucionando y creciendo con el tiempo. El juego está cambiando tanto que los hackers más débiles o menos calificados ya no pueden competir. Para sobrevivir, los hackers también deben intensificar su juego. El problema con esto es que, con el tiempo, podríamos terminar con la ciberdelincuencia organizada, donde sólo los criminales más inteligentes y fuertes pueden sobrevivir. Si has visto suficientes películas sobre crímenes relacionados con pandillas y disputas territoriales, imagina cómo sería si las pandillas se movieran en línea, siendo sofisticadas y serias sobre el control de Internet - y el mundo tal como lo conocemos.

Ampliación del Internet de las cosas

El internet de las cosas (IoT) es una proyección de conectividad a Internet a nuestra vida diaria (Iagolnitzer, Krzanik, & Susini, 2013).

Se trata de trasladar Internet de los confines de computadoras y teléfonos inteligentes a actividades y servicios cotidianos. Los dispositivos compatibles están conectados a través de conectividad a Internet, electrónica, sensores y otras formas de hardware, lo que les permite interactuar entre sí y comunicarse a través de Internet. Estos dispositivos se pueden controlar y supervisar de forma remota.

Desde aplicaciones de consumo hasta hogares inteligentes, los dispositivos IoT son increíbles. Tienes un sistema en casa que puedes activar de forma remota para cambiar las condiciones de calefacción, el brillo, encender o apagar las luces cuando no estás en casa, etc.

Dado que el espacio de IoT sigue evolucionando y expandiéndose con el tiempo, hay mucho más que aún no hemos experimentado. Muchos proyectos todavía están en fase de desarrollo en sus respectivos laboratorios. Por mucho que el IoT ofrezca una perspectiva increíble del futuro, hay riesgos graves que deben abordarse.

Los nuevos sistemas y dispositivos de lujo pueden ser increíbles, pero también pueden ser inmensamente dañinos si se ven comprometidos. Cuando se ven comprometidas, incluso las redes más seguras pueden estar en riesgo si estos dispositivos están conectados a ellas. Los siguientes problemas son algunos de los desafíos que experimenta actualmente IoT:

- **Contraseñas débiles:** uno de los riesgos que experimentan los usuarios con los componentes de IoT es la fácil de adivinar, débil o codificada contraseñas. Una vez que alguien tiene acceso a estos, puede tomar fácilmente el control. Algunos de los componentes se crean con credenciales que no se pueden cambiar.

- **Acceso a la red no seguro** - Algunos de estos dispositivos están conectados a Internet, sin embargo, no hay necesidad de que lo sean. Esto presenta un desafío, especialmente en términos de autenticidad, integridad y confidencialidad de los datos a los que tiene acceso este dispositivo.

- **Protocolos de actualización inapropiados:** en las etapas anteriores, no es fácil actualizar la mayoría de los dispositivos IoT. Los usuarios no son conscientes de cuándo o cómo actualizar sus sistemas. Cualquier sistema que se debe actualizar debe tener una función de reversión, en caso de que la actualización no vaya de acuerdo con el plan. Estas características faltan en gran medida.

- **Interfaces no seguras** - Algunas de las interfaces no están aseguradas correctamente. Desde dispositivos móviles hasta servicios en la nube, el ecosistema puede volverse vulnerable, lo que permite al hacker acceder al dispositivo y a otros componentes a los que podría estar conectado. Los hackers ya no necesitan su computadora para acceder a su casa; simplemente pueden hacerlo hackeando su sistema de música.

- **Configuración predeterminada:** muchos dispositivos se envían desde las plantas de producción a los usuarios finales con la configuración predeterminada. Para algunos de ellos, los usuarios ni siquiera pueden cambiar las configuraciones predeterminadas. Esto es algo que no deberíamos discutir en 2019. Una simple búsqueda en Google revela los ajustes de configuración más básicos, y estos se pueden utilizar para manipular el dispositivo de forma remota.

- **Sin administración de dispositivos:** algunos dispositivos no tienen características de soporte de seguridad, como la administración de actualizaciones, la administración de activos, las capacidades de respuesta y la supervisión de sistemas. Algunos de estos dispositivos pueden ser muy pequeños y aparentemente inofensivos, pero cuando se implementan en grandes cantidades, se convierte en un desafío. Es como tener una amplia red de dispositivos que no están correctamente asegurados. Una vez que un hacker obtiene acceso a uno de ellos, que también podría controlar todos los demás.

- **Desafíos de almacenamiento y transferencia de datos: el almacenamiento y la transferencia de** datos presentan otro desafío para estos dispositivos. Las medidas de control de acceso inapropiadas, la falta de protocolos de cifrado, etc. significan que cada vez que se accede a los datos a través de estos dispositivos, cualquier persona interesada puede infringire e interceptarlos.

- **Protección de la privacidad inapropiada** - El acceso a la información personal almacenada en los dispositivos y datos que se comparten en su ecosistema es muy fácil. Muchos de estos dispositivos todavía no tienen la protección necesaria.

- **Componentes obsoletos:** algunos sistemas utilizan bibliotecas y componentes de software que se pueden poner en peligro fácilmente. Cuando se incumple, el hacker puede personalizar el sistema operativo que ejecuta el dispositivo, haciendo que funcione en contra de lo que se suponía que debía hacer.

Evolución de equipos, herramientas y técnicas de hacking

Los hackers no son los únicos que están avanzando; su comercio, técnicas, herramientas y equipos también están avanzando. Algunos de los equipos que uno puede haber utilizado para hackear un sistema hace un tiempo ya no son útiles.

Los hackers construyen constantemente software y hardware que les permiten determinar la facilidad con la que pueden penetrar en una red. Los puntos débiles de la red se conocen como vulnerabilidades. Hay tantos puntos en un dispositivo en red donde pueden existir vulnerabilidades, incluyendo el sistema operativo, el navegador y la conexión a Internet.

Hace algunos años, los hackers bloquearían su sistema. Un sistema bloqueado se vuelve inmediatamente redundante. Hoy en día, los hackers son más sigilosos. Invaden su sistema sin su conocimiento y están a la espera. Una de las razones de esto es porque la mayoría de los hackers hoy en día no están generalmente fuera para destruir sus datos o sistemas, sino que sólo necesitan los datos. Los datos son el nuevo oro. Necesitan estudiar sus sistemas y recopilar tanta información como sea posible. Sus sistemas valen mucho más para un hacker cuando están en funcionamiento eficientemente que cuando se bloquean.

Creciente demanda de acceso a los datos

Nos conectamos a una gran cantidad de dispositivos que necesitan algún tipo de datos para que los operemos. Tome su teléfono inteligente, por ejemplo. Después de instalar una aplicación, debe permitir que acceda a cierta información sobre usted, como su ubicación y sus mensajes. ¿Son necesarios todos estos permisos? Si instalas una aplicación que convierte tu cámara en una linterna, ¿por qué una aplicación de este tipo necesita saber tu ubicación? ¿Qué negocio tiene leyendo tus mensajes?

Parece que cada aplicación está hambrienta de sus datos personales. La mayoría de las personas permiten el acceso a estas aplicaciones sin pensarlo dos veces. Estos datos pueden caer fácilmente en las manos equivocadas - casi siempre lo hace. Dada la creciente demanda de sus datos, la seguridad cibernética es importante (Foro, 2012). Debe estar atento a la información que comparte y a las partes con las que comparte esa información. Lea los términos y condiciones de sus acuerdos. Es posible que te des cuenta de que estás firmando tu privacidad.

Reglamentos

Los ciberataques amenazan la existencia de empresas. En el pasado, las empresas estaban en riesgo y tenían que invertir fuertemente en la protección de sus empresas y activos. Sin embargo, a la luz de la naturaleza de los ataques y la mitigación de riesgos, se han implementado regulaciones como el RGPD, lo que significa que las organizaciones ahora deben tomar tan fuerte de una posición en la seguridad cibernética como lo hacen las empresas. Deben invertir en la protección de sus activos digitales, o corren el riesgo de fuertes multas.

La UE introdujo el RGPD como un medio para obligar a todas las organizaciones a hacer un esfuerzo adicional en la protección de los datos en su poder. Uno de los requisitos del RGPD es que las organizaciones tomen las medidas necesarias e implementen medidas organizativas y técnicas para la protección de datos. También deben revisar sus controles regularmente e identificar, investigar y denunciar cualquier violación en sus protocolos de seguridad.

Protegerse de los ataques cibernéticos

Después de haber visto algunos de los riesgos que enfrenta, debe tomar medidas de precaución para mantener a raya a los hackers. Algunas de las recomendaciones son muy simples. Podrías ignorarlos por completo, pero su efecto es de gran alcance.

- Asegúrese siempre de que los firewalls estén encendidos y actualizados.

- Tenga cuidado al descargar archivos. La mayoría de los hackers ocultan código malicioso en los archivos de descarga.

- Si es posible, haga una copia de seguridad de los datos en la nube.

- Nunca compartas información personal con nadie que diga que te conoce o que dice representar a una empresa con la que interactúas. Siga el protocolo oficial cuando trate con las empresas y sus representantes.

- Asegúrese de que el software antivirus y los sistemas operativos se actualizan y actualizan con frecuencia.

- Asegúrese de visitar los sitios web utilizando sus páginas oficiales y no enlaces de terceros.

- Asegúrese de visitar un sitio web con un certificado SSL auténtico.

- No use frases simples para sus contraseñas, como su fecha de nacimiento, los nombres de sus seres queridos, etc.

- Nunca haga clic en enlaces y correos electrónicos de fuentes que desconoce. Así es como se lleva a cabo el phishing. Los hackers hacen esto para robar su información personal.

El costo de la ciberdelincuencia es elevado. Usted no quiere ser víctima o encontrarse en el extremo equivocado de la ley. Nunca debe tomar las cosas a la ligera cuando se trata de seguridad cibernética.

Capítulo 3

Violaciones de seguridad notables

Usted debe estar preocupado por su seguridad en línea. Los hackers nunca se toman unas vacaciones. De hecho, en un momento dado, siempre hay alguien tratando de entrar en algún sistema. Sus datos están en juego y vivimos en un mundo donde la demanda de acceso a los datos está en un máximo histórico. La mayoría de los sistemas con los que interactúas a lo largo del día recopilan información sobre ti y la almacenan por las razones que presentan. La mayoría de las empresas recopilan estos datos para ayudarles a entenderlo mejor y escalar sus productos y servicios para satisfacer sus necesidades.

Las violaciones de datos ocurren todos los días; casi cada hora, hay una que tiene lugar. La mayoría de estas brechas vuelan bajo el radar, porque no son reportadas o las víctimas no son conscientes de que alguna vez fueron violadas. Algunas empresas no denuncian violaciones, ya que temen que tales noticias puedan afectar negativamente su posición financiera en los mercados de valores.

A lo largo de los años, muchas empresas han sufrido a manos de los delincuentes cibernéticos. Teniendo en cuenta su interacción con algunas de las marcas mencionadas a continuación, es posible que también se haya visto afectado. Dado que la mayoría de las empresas informan de las brechas de seguridad cibernética sólo cuando tienen que hacerlo, siempre debe tomar medidas para asegurarse de que sus datos están seguros. Las medidas de precaución incluyen cosas simples como cambiar sus contraseñas con frecuencia, usar contraseñas seguras, asegurarse de iniciar sesión en cuentas en línea desde los sitios web oficiales y estar interesado en los sitios web y aplicaciones de terceros que recopilan información adicional de usted. A continuación hemos esbozado algunos de los mayores hacks de seguridad cibernética que sacudió el mundo.

Yahoo

Muchas personas actualmente tienen direcciones de correo electrónico a través de Gmail, y la mayoría de las personas han cerrado sus cuentas de Yahoo por diferentes razones. En la época, Yahoo era un gigante - una de las marcas más grandes del mundo. Todavía lo es, aunque su encanto se ha desvanecido con los años. La disminución de Yahoo en términos de su control en el negocio del correo electrónico se ha atribuido a varias cosas. Sin embargo, para mucha[5] gente, la brecha en 2013 y 2014 fue la gota que colmó el vaso.

Luchando por seguir siendo relevante en el negocio del correo electrónico, Yahoo estaba en conversaciones con Verizon para comprar el gigante de Internet. Se incumplieron más de tres mil millones de cuentas de usuario. Según los representantes de Yahoo, sospechan que la violación fue llevada a cabo por un criminal patrocinado por el estado en 2014.

Parte de la información que se incumplió en este ataque incluye direcciones de correo electrónico, números de teléfono, nombres completos y fechas de nacimiento. Mientras la gente todavía estaba llegando a un acuerdo con esto, Yahoo informó más tarde en que en 2013, otro grupo de hackers había accedido ilegalmente a al menos mil millones de cuentas de usuario. Aparte de las direcciones de correo electrónico, fechas de nacimiento, nombres completos y contraseñas que no estaban debidamente protegidas como las obtenidas en el hack 2014, esta vez, los piratas informáticos obtuvieron preguntas y respuestas de seguridad que los titulares de cuentas utilizan para proteger sus cuentas o como opciones de recuperación cuando no pueden iniciar sesión en sus cuentas.

¿Qué tan graves fueron estos ataques? Bueno, la compañía arrojó más de $300 millones del precio de venta. Para cuando acordaron la

---

[5] Yahoo hack https://www.reuters.com/article/us-yahoo-cyber/yahoo-says-all-three-billion-accounts-hacked-in-2013-data-theft-idUSKCN1C82O1

venta, Verizon sólo terminó pagando $4,48 mil millones por el segmento de negocios de Internet de Yahoo, una compañía que una vez fue valorada en más de $100 mil millones. Baste decir que más de 3 mil millones de cuentas se vieron afectadas.

Marriott International

La mayoría de las personas tienen la impresión de que el acceso a Internet y los servicios de Internet son los únicos lugares posibles donde las brechas de seguridad pueden comprometer su información. Es inimaginable para la mayoría que una instalación de hotel de lujo como Marriott International podría ser una de sus mayores causas de preocupación. Bueno, unos mil millones[6] de clientes de Marriott International tuvieron que averiguar lo difícil. Este es posiblemente uno de los peores casos de brechas de seguridad cibernética, dado que los piratas informáticos habían obtenido información sobre los clientes durante más de cuatro años. Un grupo de inteligencia chino cuyo propósito era recopilar datos creíbles sobre ciudadanos estadounidenses fue culpado por el ataque, lo que lo convierte en una de las mayores violaciones de datos personales realizadas por un país.

Marriott International adquirió las marcas hoteleras Starwood en 2016. Sin embargo, en el momento de la adquisición, los piratas informáticos ya tenían una puerta trasera en los sistemas Starwood

---

[6] Marriott International Hotel hack
https://www.forbes.com/sites/davidvolodzko/2018/12/04/marriott-breach-exposes-far-more-than-just-data/#12951b4b6297

desde 2014. Incluso después de la adquisición, los piratas informáticos todavía tenían acceso y continuaron obteniendo información hasta que fueron descubiertos en 2018.

Algunas de las víctimas de este truco sólo tenían su información de contacto y nombres violados. Otra información que fue robada incluye números de invitado, números de pasaporte, información de contacto, información de viaje y una serie de otra información personal. Según los representantes de Marriott International, más de 100 millones de clientes tenían comprometidos los datos de su tarjeta de crédito, incluidos los números de la tarjeta y sus fechas de vencimiento. Sin embargo, Marriott International nunca estaba seguro de si los piratas informáticos lograron descifrar los números de las tarjetas de crédito.

Home Depot

Más de 55 millones de clientes de Home Depot tuvieron su[7] información de tarjeta de crédito y débito robada de Home Depot en septiembre de 2014. Desde mayo, la compañía había sospechado que sus sistemas DE PDV estaban infectados con malware. Tras una investigación adicional, se dieron cuenta de que el malware en su sistema era único y personalizado para ser camuflado como un programa antivirus.

---

[7] Incumplimiento de Home Depot
https://www.forbes.com/sites/katevinton/2014/09/18/with-56-million-cards-compromised-home-depots-breach-is-bigger-than-targets/#72f6e44d3e74

A raíz de la violación, Home Depot ofreció compensar a sus clientes estadounidenses alrededor de $19.5 millones, reservando $6.5 millones para los servicios de protección de identidad del titular de la tarjeta y $13 millones para cubrir las pérdidas de sus clientes.

Este acuerdo atiende a más de 40 millones de personas cuyos datos de tarjetas de pago fueron robados y al menos 50 millones de personas cuyas direcciones de correo electrónico se vieron comprometidas. La compañía finalmente gastó alrededor de $161 millones en la brecha.

JP Morgan Chase

El hack jp Morgan Chase[8] de 2014 afectó a más de 7 millones de pequeñas empresas y 76 millones de hogares. JP Morgan Chase es uno de los bancos más grandes del mundo. La violación que se ejecutó durante el verano de 2014 afectó a más de la mitad de todos los hogares en los Estados Unidos. Parte de la información a la que se accedió incluye direcciones de correo electrónico, números de teléfono, nombres y direcciones físicas. Según un informe que el banco presentó ante la SEC, también se obtuvo cierta información interna que el banco tenía sobre sus usuarios.

Según el banco, ninguno de sus clientes cuya información fue accedida perdió dinero en el proceso. También informaron de que

---

[8] JP Morgan Chase hack https://www.bankinfosecurity.com/chase-breach-affects-76-million-households-a-7395

no había indicios de que la infracción comprometiera los datos de las cuentas afectadas.

Sin embargo, el hecho de que los piratas informáticos tenían acceso a privilegios de root en al menos 90 de los servidores del banco significaba que tenían el poder de cerrar cuentas y transferir fondos. Según los informes, el banco gasta al menos 250 millones de dólares cada año en seguridad.

Google

La información privada de más de 52 millones de cuentas de usuario de Google+ se filtró en un período de tres años entre 2015 y 2018. La información incluía direcciones de correo electrónico, nombres, estados de relación, puestos de trabajo, empleadores y fechas de nacimiento. Después de la infracción, Google decidió llamar al tiempo en Google+, especialmente después de que un informe del *Wall Street Journal* revelara un fallo de software que comprometía los datos del perfil de más de medio millón de cuentas de usuario de Google+. En noviembre de 2018, Google informó de otro ataque cibernético que comprometió las cuentas de más de 52 millones de usuarios, y a partir de ahí, la compañía decidió poner fin al proyecto Google+, cerrando en abril de 2019.

Uber

Ride hailing aplicación Uber tenía la información personal de más de medio millón de conductores y 57 millones de usuarios violados en 2016. Aparte de la naturaleza del ataque, Uber fue culpable de no manejar la brecha correctamente y desde entonces se ha utilizado en círculos de aprendizaje como un ejemplo de cómo no manejar una situación de crisis de este tipo. [9]

Uber se enteró de que dos hackers habían comprometido su sistema, permitiéndoles acceder a direcciones de correo electrónico, nombres y números de teléfono móvil para 57 millones de usuarios de Uber. También obtuvieron los detalles de la licencia de conducir para más de medio millón de conductores. Hasta el mejor de sus conocimientos, los piratas informáticos no accedieron a números de seguridad social, datos de tarjetas de crédito, o cualquier otro dato que no sea lo que se mencionó.

Los piratas informáticos también tuvieron acceso a la cuenta GitHub de Uber, a través de la cual pudieron recuperar las credenciales de acceso a la cuenta de Uber AWS. Lo desafortunado es que se trata de credenciales que nunca deberían haber estado en GitHub en primer lugar.

Lo que enloqueció a mucha gente fue que Uber tardó casi un año en admitir públicamente que la brecha había tenido lugar. Aparte de eso, se dispararon en el pie pagando a los piratas informáticos $100,000 para destruir cualquier dato que habían obtenido - sin ninguna manera de verificar que tenían los datos o que lo destruyeron en absoluto. Uber denomió esto una tarifa de

---

[9] Ataque cibernético Uber
https://www.theguardian.com/technology/2017/nov/21/uber-data-hack-cyber-attack

recompensa por errores. [10] La compañía le culpó a su OSC en ese momento y lo despidió.

La reputación de la compañía tuvo un gran éxito, al igual que su valoración. En el momento del hackeo, Uber estaba en conversaciones con Softbank para vender parte de su participación. Para cuando la venta tuvo lugar, Uber había arrojado $20 mil millones del precio inicial.

Objetivo

En 2013, más de 100 millones de clientes objetivo tuvieron su información de contacto y tarjeta de crédito y débito comprometida. Los piratas informáticos apuntaron a la oleada de compras de Acción de Gracias, pero la brecha fue descubierta y reportada unas semanas más tarde. Según los representantes de Target, su evaluación inicial fue que los piratas informáticos obtuvieron acceso a uno de sus vendedores de HVAC de terceros a través de sus lectores de tarjetas POS, recopilando información de más de 40 millones de usuarios. Sin embargo, unas semanas más tarde, la compañía informó que[11] la información de identificación personal (PII) de al menos 70 millones de clientes había sido comprometida.

---

[10] Ataque cibernético Uber https://money.cnn.com/2017/11/21/technology/uber-hacked-2016/index.html

[11] Violación de datos objetivo
https://www.forbes.com/sites/maggiemcgrath/2014/01/10/target-data-breach-spilled-info-on-as-many-as-70-million-customers/#750ec781e795

A la luz de esta violación, el CIO de la compañía dimitió en marzo, seguido por el CEO en mayo. Según los informes, el incumplimiento le costó a la compañía 162 millones de dólares. A la luz de estos desafíos, la empresa tomó medidas para mejorar sus sistemas de seguridad.

Himno

Anthem es una de las mayores aseguradoras de salud en los Estados Unidos. En febrero de 2015, los hackers robaron la información personal de más de 78 millones de clientes antiguos y actuales de Anthem. A través del ataque, los nombres, los números de la seguridad social, las direcciones, los historiales de empleo y las fechas de nacimiento fueron robados a los clientes actuales y anteriores. Los piratas informáticos básicamente obtuvieron acceso a toda la información que necesitarían para el fraude de identidad.

Las investigaciones en el hack finalmente concluyó que [12] fue patrocinado por un gobierno extranjero que contrató a los piratas informáticos para llevar a cabo uno de los mayores hacks en la industria de la salud. Mientras que la violación se informó en 2015, la ejecución podría haber comenzado un año antes a través de un correo electrónico de phishing. Mientras que el costo final del hackeo no fue revelado, los expertos creen que costó a la compañía más de $100 millones.

---

[12] Anthem hack http://fortune.com/2017/01/09/anthem-cyber-attack-foreign-government/

Sony – PlayStation

Sony PlayStation fue hackeada[13]en 2011,obligando a la compañía a retirar sus servicios durante un mes. Durante este mes, la compañía perdió un estimado de $171 millones debido a un hack que comprometió más de 77 millones de cuentas. En el ámbito de los juegos, esto tiene que caer como uno de los peores hacks de todos los tiempos.

12 millones de las 77 millones de cuentas que se vieron comprometidas no tenían datos cifrados de tarjetas de crédito. Por lo tanto, los piratas informáticos tenían acceso a los nombres completos de los usuarios, direcciones de hogar, contraseñas, direcciones de correo electrónico, historiales de compras, contraseñas de inicio de sesión y otra información privilegiada. Tres años más tarde, Sony acordó un acuerdo de 15 millones de dólares en una demanda colectiva en lugar de la infracción.

Sony Pictures

Sony estuvo una vez más en los titulares por todas las razones equivocadas, esta vez como víctimas de un grupo de hackers que van por el nombre Guardianes de la *Paz (GOP)*. Los piratas

---

[13] Sony PlayStation hack
https://www.theguardian.com/technology/2011/apr/26/playstation-network-hackers-data

informáticos filtraron datos confidenciales de Sony Pictures,[14]que incluían información personal, correos electrónicos de los empleados, información sobre sus familias, salarios de ejecutivos y algunas de las películas que aún no habían sido lanzadas. Además, utilizaron malware para eliminar la infraestructura informática de Sony.

Una de las principales razones por las que el GOP atacó a Sony fue para exigir que no lanzaran *The Interview,*una película decomedia cuya trama incluía un plan para asesinar a Kim Jong-un, el controvertido líder norcoreano. Los atacantes amenazaron además con ataques terroristas contra cualquier cine que examinara la película.

La mayoría de los cines que tenían la película en sus programas de proyección cancelaron las visitas a la luz de las amenazas terroristas. Sony también canceló el estreno formal y el lanzamiento principal de *The Interview,*y en su lugar ofreció un lanzamiento digital. Según la inteligencia estadounidense, este truco fue patrocinado por el gobierno de Corea del Norte, teniendo en cuenta las fuentes de red, técnica, y el software empleado en el hack. Sin embargo, desde entonces el gobierno norcoreano ha negado cualquier responsabilidad por el ataque.

---

[14] Sony Pictures hack
https://money.cnn.com/2014/12/09/technology/security/sony-hacking-roundup/index.html

Este ataque condujo a un ida y vuelta entre los dos gobiernos, con el presidente estadounidense en ese momento, Barack Obama, condenando el ataque y anunciando que Estados Unidos estaba dentro de sus derechos para responder en medidas proporcionales. Se informó que Corea del Norte perdió el acceso a Internet un mes después del ataque. Rusia, por otro lado, parecía apoyar a Corea del Norte, mencionando que era comprensible que Corea del Norte se sintiera molesta por la película. Rusia mencionó además que las amenazas de represalias por parte de Estados Unidos eran peligrosas y contraproducentes, dado que Estados Unidos no había proporcionado pruebas creíbles de los autores detrás del ataque de Sony.

Adobe

En octubre de 2013, los sistemas de Adobe fueron hackeados, en el proceso comprometiendo más de 38 millones de registros de[15]clientes. La compañía informó que alrededor de 3 millones de registros de tarjetas de crédito encriptados fueron robados, junto con los datos de inicio de sesión para un número desconocido de cuentas de usuario. Adobe también mencionó que los piratas informáticos tenían acceso a contraseñas cifradas e ID de cuenta para alrededor de 38 millones de usuarios.

Después de las investigaciones sobre el hackeo, se supo que el código fuente de algunos de los productos de Adobe también fue

---

[15] Adobe hack https://www.bbc.com/news/technology-24740873

robado. Los piratas informáticos también tenían acceso a los datos de los clientes, sus nombres completos, contraseñas e información sobre sus tarjetas de crédito y débito. A la luz de este incumplimiento, Adobe se le obligó a pagar 1,1 millones de dólares en honorarios legales, y también acordaron resolver las reclamaciones por un monto no revelado, como un indulto por el veredicto de culpabilidad de prácticas comerciales desleales y por violar la Ley de Registros de Clientes.

Stuxnet

La agenda principal detrás del ataque stuxnet fue atacar el programa de energía nuclear de Irán. Sin embargo, otras agendas secundarias incluían la interrupción de las redes de servicios de energía, el transporte público y el suministro de agua y presentar un caso para un ejemplo viable de interrupción en todo el mundo. El ataque tuvo lugar en 2010, pero se dice que comenzó ya en 2005.

La naturaleza y la gravedad del ataque Stuxnet es una de las razones por las que la información sobre él era muy escasa, especialmente en los Estados Unidos. Sin embargo, los expertos a menudo consideran el ataque de gusano Stuxnet uno de los peores, dado que era una brecha cibernética que tenía efectos físicos de gran alcance de una magnitud inescalable.

Estados Unidos e Israel estaban detrás del ataque de malware Stuxnet que estaba destinado a apuntar a los[16]sistemas Siemens SCADA en el proceso de destrucción de más de 900 centrífugas de enriquecimiento de uranio. Sin embargo, ninguno de los dos países se ha atribuída oficialmente del ataque.

RSA Security

Se informó que la violación de RSA Security en 2011 afectó a alrededor de 40 millones de registros de empleados. RSA Security es una de las principales empresas de seguridad del país. Los piratas informáticos[17]robaron tokens de autenticación SecurID. Según RSA Security, fueron víctimas de dos grupos de hackers que operaban bajo la protección de un gobierno extranjero para atacar sus sistemas y empleados a través de phishing. En estos hacks, los culpables se hacían pasar por figuras de autoridad en las que los empleados confiaban, mientras que en el proceso obteniendo acceso a la red de la empresa.

RSA Security es la rama de seguridad de EMC. EMC informó que desde entonces han tomado medidas para remediar la brecha, gastando no menos de $66 millones en el proceso. También

---

[16] Malware Stuxnet https://www.wired.com/2011/07/how-digital-detectives-deciphered-stuxnet/

[17] Violación de RSA Security https://money.cnn.com/2011/06/08/technology/securid_hack/index.htm

informaron de que ninguna de las redes de sus clientes se había visto afectada por la violación.

Los expertos en la industria, sin embargo, creen que la empresa no estaba siendo honesto sobre la gravedad del ataque. En verdad, no es más que un voto de censura para una de las principales empresas de seguridad del país admitir que fueron sorprendidas sin darse cuenta. La mayoría de las personas se preguntarían cómo pueden proteger sus sistemas si son incapaces de proteger los suyos.

Después de la brecha RSA, los ataques posteriores fueron dirigidos a otras empresas, como L3 y Lockheed-Martin, que los expertos creen que fueron habilitados por el éxito de la brecha RSA. El efecto de la brecha RSA fue de gran alcance, con una gran cantidad de jugadores en la industria sufriendo daños psicológicos como resultado. RSA es una empresa que se ve como un icono; eran un modelo a seguir en el negocio de la seguridad, por lo que su vulnerabilidad conmocionó a toda la industria.

Sistemas de Pago de Heartland

Los hackers utilizaron una inyección SQL para instalar spyware en los sistemas de datos de Heartland. Como resultado, se expusieron los datos de la tarjeta de crédito de más de 130 millones de usuarios. ¿Qué tan grande era esta brecha? Piénsalo. Para cuando Heartland fue incumplido en 2008, la compañía estaba procesando alrededor de 100 millones de pagos con tarjeta de crédito mensualmente, para unos 175.000 minoristas pequeños y medianos. No fue hasta enero de 2009 que Mastercard y Visa notaron transacciones sospechosas de algunas de las cuentas que Heartland había procesado que notificaron a Heartland de la preocupación.

Como resultado de esta infracción, Heartland fue declarado no conforme con el Estándar de Seguridad de Datos de la Industria de Tarjetas de[18]Pago (PCIDSS), y hasta mayo de 2009, se les prohibió procesar pagos para los principales proveedores de tarjetas decrédito. Aparte de eso, la compañía tuvo que liquidar alrededor de $145 millones como compensación por pagos fraudulentos.

Lo interesante de este hack es que la vulnerabilidad de inyección SQL es algo que los expertos habían advertido a la industria y los minoristas durante muchos años, pero la mayoría de ellos lo ignoraron por completo. Alrededor de ese tiempo, inyección SQL fue uno de los ataques más populares en todo el mundo.

Ebay

Los sitios web de comercio electrónico son siempre un paraíso de hackers, especialmente si encuentran un defecto que pueden explotar. En 2014,[19]eBay fue víctima delos piratas informáticos que robaron contraseñas cifradas, fechas de nacimiento, nombres y direcciones de más de 145 millones de titulares de cuentas. Los piratas informáticos utilizaron las credenciales de tres empleados

---

[18] Heartland Payment Systems hack
https://money.cnn.com/2012/03/30/technology/credit-card-data-breach/index.htm

[19] eBay hack https://www.bbc.com/news/technology-27503290

corporativos de eBay y tuvieron acceso sin restricciones al sistema durante más de 200 días. Esto les permitió tiempo y recursos suficientes para acceder a la base de datos de usuarios.

En respuesta al hackeo, eBay animó a los usuarios a cambiar sus contraseñas. Sin embargo, aseguraron a los clientes que la información financiera como los números de sus tarjetas de crédito no se vieron afectadas, porque se almacenaron en una base de datos diferente. eBay se tomó su tiempo dulce para informar de esta violación, por la que recibieron muchas críticas. Como resultado, eBay experimentó una caída en la actividad de los usuarios.

Oficina de Gestión de Personal de los Estados Unidos (OPM)

El OPM[20] fue blanco entre 2012 y 2014 por hackers chinos que tuvieron acceso a más de 22 millones de empleados federales, incluidos aquellos que ya no estaban empleados por OPM. Los piratas informáticos tuvieron acceso a los sistemas en 2012, pero no fueron detectados hasta 2014.

Más tarde, un grupo diferente accedió a la OPM en 2014 a través de un contratista externo, pero sus acciones también volaron bajo el radar hasta un año más tarde. Parte de la información a la que los

---

[20] US OPM hack https://www.washingtonpost.com/news/federal-eye/wp/2015/07/09/hack-of-security-clearance-system-affected-21-5-million-people-federal-authorities-say/?noredirect=on&utm_term=.0633338ebf44

intrusos tuvieron acceso incluyen datos personales, casos con autorización de seguridad detallada y detalles biométricos.

Durante una investigación, el ex director del FBI James Comey mencionó el formulario SF-86 como uno de aquellos cuyos detalles fueron violados. Este formulario se utiliza para la autorización de seguridad de los empleados y las verificaciones de antecedentes. Contiene información sobre las personas, como los lugares que han vivido, los países que habían visitado, sus familiares y sus direcciones.

Equifax

143 millones de personas tuvieron su información personal robada en 2017, incluyendo[21]números de licencia de conducir, direcciones, fechas de nacimiento y números de seguridadsocial. Aparte de eso, también se obtuvo información de tarjetas de crédito para cientos de miles de clientes de Equifax. Mientras que Equifax, una de las agencias de crédito más grandes de los Estados Unidos, informó de la violación en julio, sus representantes creen que la violación puede haber comenzado a principios de mayo de ese año.

Buscador de amigos adultos

Imagina iniciar sesión en tu sitio web de conexión casual favorito, con la esperanza de encontrar a alguien que satisfaga tus deseos

---

[21]   Equifax   hack   https://www.nytimes.com/2017/09/07/business/equifax-cyberattack.html

carnales. La mayoría de las personas, temiendo que sus datos podrían ser comprometidos y accedidos por sus seres queridos o cualquier otra persona que utilice sus dispositivos, tratar de iniciar sesión en sus cuentas desde un navegador diferente al que utilizan a menudo, tal vez cambiar su navegador al modo de incógnito si el navegador lo permite. Sin embargo, esto nunca fue suficiente para la red Friend Finder. Su imperio, que incluye Adult Friend Finder, Cams.com, Stripshow.com, Penthouse.com y[22]iCams.com, fueron violados en 2016.

Los piratas informáticos obtuvieron información de sus sistemas - datos que habían sido recogidos durante más de 18 años en sus bases de datos. Más de 400 millones de cuentas se vieron comprometidas, incluidas contraseñas, direcciones de correo electrónico y nombres completos de los titulares de la cuenta. La red Friend Finder aseguró la mayoría de las contraseñas con un algoritmo hash SHA-1 débil. Como resultado, en el momento en que se informó de esta infracción, al menos el 99 por ciento de las credenciales habían sido descifradas.

Verisign

Uno de los peores problemas que estuvo de acuerdo con el ataque VeriSign no fue el hecho de que los hackers tenían acceso a una gran cantidad de información privilegiada y sistemas, pero la forma

---

[22] Adult Friend Finder hack
https://www.theguardian.com/technology/2016/nov/14/adult-friend-finder-and-penthouse-hacked-in-largest-personal-data-breach-on-record

en que la compañía lo manejaba. VeriSign no salió públicamente para admitir que habían sido hackeados hasta un año después del ataque, que se realizó a lo largo de 2010; VeriSign sólo lo admitió de acuerdo con un nuevo mandato de la SEC. [23]

La compañía nunca ha informado completamente sobre el tipo de información que fue robada o sobre el impacto que podría tener en sus clientes y su negocio.

TJX Companies Inc.

En diciembre de[24]2006, se incumplió la información de los clientes deTJX Companies, Inc. Se accedió a la información de más de 40 millones de tarjetas de crédito. Hay varias cuentas con respecto a cómo se ejecutó este incumplimiento. Se alega que los piratas informáticos explotaron los débiles protocolos de cifrado de TJX en el curso de una transferencia inalámbrica entre dos de las tiendas de la compañía, robando información de tarjetas de crédito en el proceso. También hay otra afirmación de que los piratas informáticos irrumpieron en la red a través de quioscos en la tienda que permitieron a los usuarios solicitar trabajos TJX.

Este hack fue orquestado por Albert Gonzales, el mismo compañero acusado por la violación de Heartland Payment Systems. En el

---

[23] VeriSign hack https://www.wired.com/2012/02/verisign-hacked-in-2010/

[24] TJX Inc. hack
https://money.cnn.com/2008/08/05/news/companies/card_fraud/?postversion=20 08080604

momento de esta violación, González también trabajaba como informante de pago para el Servicio Secreto de los Estados Unidos. Durante su sentencia, una nota del gobierno informó que las aseguradoras, las empresas y los bancos que se vieron afectados habían perdido casi 200 millones de dólares de este ataque.

Cambridge Analytica

Más de 87 millones[25] de personas se vieron afectadas como resultado de una violación de datos de Cambridge Analytica en 2015. En esta violación, se accedió ilegalmente a los datos de los perfiles de Facebook, incluidas las preferencias e intereses de los usuarios.

Un profesor de la Universidad de Cambridge creó *thisisyourdigitallife*, una aplicación de predicción depersonalidad que más tarde compartiría información del usuario a terceros como Cambridge Analytica. Cambridge Analytica es la misma empresa que estaba ejecutando la campaña de Donald Trump mediante la creación de anuncios dirigidos a través de estos datos. La compañía también publicó anuncios de campaña en muchos otros países, incluyendo Kenia.

Aunque sólo unos 270.000 usuarios de Facebook habían instalado la aplicación de predicción de personalidad en sus dispositivos, las

---

[25] Cambridge Escándalo ánalytica
https://www.nytimes.com/2018/04/04/technology/mark-zuckerberg-testify-congress.html

políticas de intercambio de datos aplicables en Facebook en ese momento permitían a la aplicación recopilar información de sus dispositivos y también de sus amigos.

Facebook

El fiasco de Cambridge Analytica puede haber dado a Facebook mala publicidad, especialmente porque el fundador tuvo que ir ante el Congreso para defender la posición de su compañía. Sin embargo, el gigante de las redes sociales aún no estaba fuera del bosque. Otra violación[26] de datos afectó a más de 50 millones de usuarios, comprometiendo la información personal como la ubicación, el estado de la relación y la información de contacto. Otros datos a los que se accedió incluían el tipo de dispositivos que utilizaban para acceder a sus cuentas y su historial de búsqueda reciente.

Durante los ataques, que ocurrieron en julio de 2017 y septiembre de 2018, los hackers explotaron códigos vulnerables en los sistemas de Facebook, permitiéndoles el acceso a claves digitales a través de las cuales podían obtener toda esta información.

---

[26] Cuentas de Facebook hackeadas
https://money.cnn.com/2018/09/28/technology/facebook-breach-50-million/index.html

Capítulo 4

Cifrado de datos

El cifrado de datos es el proceso en el que los datos se traducen en un código o formulario diferente, de modo que las únicas personas que pueden acceder a él y leerlo son aquellos que tienen una clave de descifrado, que también se conoce como una clave secreta. Los datos cifrados también se conocen como texto cifrado. Los datos no cifrados se conocen como texto sin formato. Teniendo en cuenta las amenazas a la seguridad en el entorno global, el cifrado es una de las mejores políticas que utilizan las empresas, las organizaciones, los gobiernos y los individuos para proteger sus datos.

Criptografía en seguridad de la información

La información es uno de los activos más valiosos en cualquier organización. Los esfuerzos hacia la protección del sistema están orientados a tres resultados: confidencialidad, integridad y disponibilidad de datos. Por mucho que alguien intente hacerte creerlo, ningún control de seguridad es 100 por ciento efectivo. El cifrado es el último mecanismo de prevención que a menudo se implementa, especialmente en un modelo de seguridad en capas.

La mayoría de la gente escucha la mención de cifrado y creen que ya están a salvo. Esta es otra falacia. El cifrado no es el final de sus problemas. Algunos hackers tienen acceso a ordenadores muy potentes que pueden descifrar cualquier información de este tipo. Por lo tanto, el cifrado es uno de los muchos procedimientos que puede implementar para proteger sus intereses.

La criptografía es un concepto científico donde se utilizan lógicas complejas y ecuaciones matemáticas para generar métodos de cifrado robustos. Una vez que se ofusca el significado de los datos firmantes, entra en juego el elemento artístico de la criptografía.

La criptografía se remonta al arte de la guerra de Sun Tzu. Comandantes de campo, agentes secretos y otras partes relevantes se basaron en la información. Para evitar que esta información cayera en las manos equivocadas, tenían que ocultar su significado. Esto les permitió el beneficio de la sorpresa, el tiempo y la maniobra oculta. Las primeras formas de criptografía se basaban en códigos, transposición y sustitución para ocultar sus mensajes.

La amenaza de la ciberdelincuencia siempre está aumentando. En respuesta, los sistemas de seguridad deben ser construidos más sofisticados que antes. Los expertos siguen tratando de apretar su control sobre la seguridad de la comunicación con el fin de asegurarse de que no hay lagunas que los piratas informáticos pueden explotar. Esto se hace a través del cifrado de datos. Hay dos tipos de cifrado de datos: cifrado asimétrico y cifrado simétrico.

Cifrado asimétrico

El cifrado asimétrico utiliza claves privadas y públicas. Ambas claves son matemáticas y realizan un rol específico dentro de la operación. Los datos cifrados con una clave pública solo se pueden descifrar con una clave privada y viceversa; es imposible cifrar y descifrar datos con la misma clave.

Las claves privadas deben mantenerse privadas, para que la seguridad de todo el sistema no se vea comprometida. En el caso de que crea que la clave privada ha sido hackeada o comprometida de alguna manera, se le requiere para generar una nueva. El cifrado asimétrico se considera una opción más fuerte y mejor en comparación con el cifrado simétrico en términos de protección de datos. Sin embargo, el desafío con el cifrado asimétrico es que es más lento que el cifrado simétrico. Como resultado, no es la mejor opción para el cifrado masivo.

En el cifrado asimétrico, los datos se transfieren entre dos partes. Tanto el remitente como el destinatario recibirán un conjunto de claves de acceso. El remitente debe cifrar la información con su clave privada antes de enviarla. El destinatario, por otro lado, debe usar su clave pública para descifrar la información.

Para utilizar eficientemente este método de cifrado, los certificados digitales se utilizan en la plataforma de comunicación cliente-servidor. Este certificado contiene información crítica, como la ubicación del usuario, su dirección de correo electrónico, la organización a la que se originó el certificado, la clave pública del usuario y cualquier otra información que se pueda usar para identificar al usuario y su servidor.

Cada vez que el servidor y el cliente necesitan comunicarse a través de información cifrada, ambos deben enviar consultas a través de la red, informando al otro de sus intenciones. Una vez recibidas las consultas, el destinatario recibe una copia del certificado. Este certificado contiene la clave pública que el destinatario necesitará para tener acceso a la información cifrada.

Uno de los usos más destacados del cifrado asimétrico es en la computación blockchain. Bitcoin especialmente hizo esta forma de cifrado muy popular, porque se utilizó en la determinación de la prueba de trabajo en la minería Bitcoin. En el ecosistema Bitcoin, el algoritmo de firma digital de curva elíptica (ECDSA) se utiliza para generar claves privadas y públicas. Estas claves legitiman las transacciones digitales implicadas. A través del cifrado asimétrico, es muy difícil para cualquier persona alterar cualquier información que ya se ha cargado en la cadena de bloques.

El cifrado asimétrico está siendo adoptado actualmente por muchas empresas y organizaciones. Si bien se puede escalar verticalmente para diferentes propósitos, las dos razones principales por las que las empresas lo utilizan son para el cifrado y la creación de firmas digitales. Las firmas digitales autentican los datos, dando validez a las comunicaciones. El destinatario está seguro de que está accediendo a la información del remitente sin el riesgo de que la violación de datos se presente en cualquier lugar intermedio. Esto elimina el riesgo de ataques de hombre en el medio.

Las firmas digitales también confieren un elemento de finalidad a la información compartida. El remitente no puede reclamar en una fecha posterior que no firmó ni autorizó el documento. Una vez que su firma digital se añade a ella, ellos son responsables de ello.

Los algoritmos comúnmente utilizados en el cifrado asimétrico son:

- Rsa

- Diffie-Hellman

- Dsa

- El Gamal

- Etcétera

Tan pronto como se verifica la firma digital, el protocolo comprueba si el contenido sigue siendo el mismo que lo era cuando el remitente anexó su firma. Si se han realizado cambios en la copia original, incluso el más mínimo cambio, se producirá un error en la autenticación.

Cifrado simétrico

El cifrado simétrico se considera uno de los métodos de cifrado convencionales. Lo más probable es que sea el más fácil. El cifrado se realiza mediante una clave secreta (clave simétrica). Tanto el destinatario como el remitente tienen acceso a la clave secreta, que es necesaria para cifrar y descifrar la información. Antes de que el remitente distribuya el mensaje, debe cifrarlo mediante la clave simétrica. El destinatario, por otro lado, debe usar la misma clave para descifrar el mensaje.

Teniendo en cuenta lo simple que es el proceso de cifrado y descifrado, el cifrado simétrico es fácil y toma un tiempo más corto en comparación con el cifrado asimétrico. Existen muchos enfoques modernos para el cifrado simétrico, que utilizan algoritmos únicos como los siguientes:

- **Blowfish** - Este es un algoritmo que fue construido para reemplazar a DES. Es un cifrado simétrico que divide los mensajes en bloques de 64 bits y cifra individualmente cada uno de los bloques.

- **AES - Este es un método de** cifrado estándar utilizado por el gobierno de los Estados Unidos y una gran cantidad de organizaciones. AES es muy confiable en 128 bits, pero también se puede utilizar como 192 bits y 256 bits, especialmente para el cifrado de recursos intensivos.

Otros algoritmos incluyen:

- cuádruple

- tan pronto como

- 3des

- RC4

Incluso sin su conocimiento, usted utiliza constantemente el cifrado simétrico para acceder a Internet. La aplicación más común es cuando el cliente interactúa con un servidor que tiene un certificado SSL. El servidor y el cliente negocian una conexión y, una vez aprobadas, intercambian claves de sesión de 256 bits para permitir la comunicación a través de una red cifrada.

Comparación del cifrado simétrico y asimétrico

Aunque el cifrado asimétrico requiere dos claves, el cifrado simétrico solo utiliza una sola clave. Por lo tanto, el cifrado simétrico es un enfoque bastante sencillo. Ambos métodos de cifrado tienen acceso a los datos a través de una clave secreta.

Aunque el cifrado simétrico ha estado en uso durante mucho tiempo, tiene desafíos, especialmente en la comunicación segura, lo que requiere la necesidad de que las organizaciones, entidades e individuos adopten cifrado asimétrico. La principal ventaja que el cifrado simétrico tiene sobre el cifrado asimétrico es que se puede transferir una gran cantidad de datos a través de él.

El cifrado asimétrico se creó en respuesta al desafío de compartir claves como vemos en el cifrado simétrico. Por lo tanto, con las claves público-privadas, ya no tiene que compartir claves para acceder a la información cifrada.

El rol del cifrado de datos

Hay muchas razones por las que el cifrado de datos es un problema que debe tomar en serio. La razón principal, sin embargo, es proteger la integridad y confidencialidad de los datos en sus redes informáticas y la transmisión a través de Internet a otras redes informáticas. Los algoritmos modernos están en uso hoy en día para proteger los datos y reemplazar el estándar de cifrado de datos (DES), que es un algoritmo obsoleto. ¿Por qué es importante el cifrado para su negocio? Hemos esbozado algunas razones a continuación.

Protección del manejo de datos: el cifrado ofrece una garantía de seguridad de los datos todo el tiempo. Uno de los momentos más vulnerables en el manejo de datos es el punto en el que se transfiere de un lugar a otro. Aquí es donde la mayoría de los hackers se abalanzan. Los ataques de man-in-the-middle eran muy comunes en el pasado (Li, 2019). Un hacker interceptaría información, la manipularía y la pasaba al destinatario. El destinatario accedería y usaría los datos, creyendo que era la verdad del Evangelio. A través del cifrado, los datos se protegen cuando están en tránsito o cuando están en almacenamiento. No importa si usted siente que los datos son importantes o no, siempre debe asegurarse de que están cifrados, especialmente cuando está en almacenamiento.

Garantizar la integridad - Los hackers no sólo quieren robar su información. Una vez que tienen acceso a ella, pueden alterarlo de tal manera que les beneficie si alguien actúa sobre él como debe tener. Desconocido para el usuario, que va a ayudar a los objetivos del hacker. A través del cifrado, puede asegurarse de que se mantiene la integridad de los datos. Los hackers expertos todavía pueden hacer algunos cambios en los datos cifrados. Sin embargo, si esto sucede, los datos están dañados y no se pueden utilizar para cualquier propósito para el que se suponía que se utilizaría. Por lo tanto, inmediatamente se da cuenta de que ha sido hackeado e iniciar los mecanismos de respuesta necesarios.

El caso de la privacidad - El cifrado es importante en términos de protección de la privacidad. Hay una gran cantidad de datos que compartimos con aplicaciones, sitios web y empresas. Algunas empresas tienen demasiados datos sobre nosotros; cualquier persona que tenga acceso a ella por razones penales puede ejecutar el delito de robo de identidad perfecto. Desde la información personal hasta los detalles de la ubicación y la información de la tarjeta de crédito, el cifrado garantiza que estos datos sean inaccesibles para las personas equivocadas, especialmente si logran interceptarlos. No pueden utilizar los datos que obtienen a menos que tengan las claves de descifrado.

El cifrado, por lo tanto, ofrece a los usuarios la garantía de que la privacidad y el anonimato en línea pueden ser una cosa real de nuevo. Las agencias gubernamentales y los delincuentes ya no pueden interceptar y monitorear su comunicación haciendo lo mínimo. Lo interesante del cifrado es que algunos de los protocolos y la tecnología disponibles en este momento son demasiado potentes, por lo que algunos gobiernos están pensando en limitar la eficacia. Esto plantea riesgos para individuos, empresas, empresas y otras entidades. Es casi como cerrar la puerta cuando sales a trabajar, pero dejando la llave debajo de la alfombra.

Cumplimiento - A la luz de algunos de los riesgos de seguridad cibernética que las empresas han experimentado a lo largo de los años, se han realizado varios cambios, y es importante cumplir para que la empresa no sea demandada por no hacer todo lo posible para proteger los datos de los clientes a su cuidado. El RGPD (Smouter, 2018),por ejemplo, permite a los consumidores informar de cualquier instancia en laque sientan que las empresas con las que interactúan no están manejando sus datos de manera diligente.

En la mayoría de las industrias, las regulaciones de cumplimiento son muy estrictas. La idea aquí es asegurarse de que, aparte de la información personal que las empresas poseen, sus derechos de propiedad intelectual y cualquier otro dato que pueda ser privilegiado está protegido contra el acceso no autorizado.

Una de las regulaciones que exige la Ley de Portabilidad y Responsabilidad del Seguro Médico (HIPAA, por sus seno) es que las empresas deben ir más allá e instituir los mejores protocolos de seguridad para proteger los registros de sus pacientes, especialmente en lo que respecta a la salud sensible información (Véase, 2003). El cifrado no se trata solo de cumplir con los requisitos de cumplimiento; también se trata de proteger las valiosas organizaciones de datos de clientes.

Protección entre dispositivos - Hoy en día, accedemos a Internet y diferentes redes desde una variedad de dispositivos. Todos estos dispositivos deben estar protegidos contra el acceso no autorizado. Aquí es donde el cifrado es útil. La transferencia de datos es siempre la parte más arriesgda de los datos de manejo. Es posible que tenga los dispositivos de su empresa protegidos, pero sus dispositivos domésticos no lo están. Si intenta una transferencia de datos en un dispositivo de este tipo, corre el riesgo de exponerse a sí mismo y a la empresa a peligros desconocidos. A través del cifrado, todos estos dispositivos pueden estar protegidos, de modo que puede almacenar y compartir datos en cualquiera de los dispositivos a los que tiene acceso sin preocuparse de que alguien supervise sus actividades o con ansias interceptar sus datos.

El creciente riesgo de piratería - Hacking ya no es la actividad de unos pocos niños inteligentes que se sienten aburridos y tienen demasiado tiempo en sus manos; la piratería es actualmente una de las empresas más grandes del mundo. En algunos casos, los piratas informáticos operan bajo la protección de un país extranjero. Esto es lo serio que los hackers necesitan para obtener sus datos. A la luz de estos desafíos, el cifrado de sus datos hace que sea difícil para los piratas informáticos acceder a ellos, e incluso si lo hacen, más a menudo que no no hay mucho que puedan hacer con él.

Desafíos en la implementación de protocolos de cifrado

La protección de datos es uno de los debates más comunes que se están manteniendo en este momento. Es una prioridad que no se puede desear. Las empresas que han sufrido violaciones de datos en el pasado también sufrieron pérdidas financieras en términos de paquetes de compensación y demandas costosas.

La necesidad de cifrado se debe a dos factores: el cumplimiento y la necesidad de reducir el riesgo. Para ello, existe una ruta elaborada al cifrado que implica clasificar los riesgos, la detección, la protección del sistema, la aplicación de protocolos de cifrado y la evaluación/supervisión de la red para asegurarse de que todo se ejecuta como debería. El cifrado podría haber estado en uso durante muchos años, pero hay desafíos que son exclusivos del proceso que se deben tener en cuenta al implementar soluciones de cifrado. Hemos esbozado algunos de estos desafíos a continuación.

Desafíos de rendimiento: el cifrado siempre agregará una sobrecarga de rendimiento a sus sistemas. Cuanto mayor sea su necesidad de cifrado, más debe gastar en conseguir supercomputadoras que pueden procesar grandes transacciones sin agotar los recursos. Sin esto, debe prepararse para un rendimiento lento para todos los demás sistemas conectados a la red cuando está cifrando o descifrando algunos datos.

Administración de programas de cifrado: debe determinar el mejor método de cifrado adecuado para su negocio. Sin embargo, este no es el final de sus desafíos. También debe pensar en la creación de un plan para la integración del sistema y el establecimiento de un entorno que sea seguro y confiable.

¿Está seguro de que sus programas de cifrado cumplirán con los cumplimientos y requisitos de su industria? ¿Qué tan fácil es integrar los protocolos de cifrado en el formato de datos, las pruebas de rendimiento y la configuración de directivas formales?

Longitud de clave - La otra preocupación que las empresas experimentan con el cifrado es la longitud de clave y algoritmos adecuados. Hay varios algoritmos disponibles. La elección de la mejor depende del entorno de desarrollo en el que opera. Al mismo tiempo, la clave de cifrado ideal debe ser más largo para reducir el riesgo de descifrado fácil. Sin embargo, al mismo tiempo, cuanto más larga sea la clave, más pesados serán los recursos de red que tendrá que asignar al cifrado y descifrado. Esto definitivamente afectará a otras partes del negocio.

Administración de claves: el almacenamiento y la administración de claves es el otro desafío en el cifrado. Una vez que haya cifrado sus datos, ¿dónde almacena las claves? Esta es en realidad una discusión crítica. Debe tener esto en cuenta en términos de los enfoques que están alineados con las necesidades de su negocio. Asegúrese de seguir cambiando las claves con regularidad y nunca utilice claves de intercambio. Las claves solo deben ser accesibles en las instalaciones.

Detección de datos: ¿Cómo se accede a los datos cifrados? El negocio necesita un acceso rápido a datos importantes. Esta es una decisión a nivel de la junta, desde donde las partes interesadas pertinentes pueden ponerse de acuerdo sobre la mejor manera y asignar custodios de datos.

Consulta de datos: consultar datos cifrados le ayudará con la recuperación cuando sea necesario. Estos datos se pueden almacenar en la nube o en las instalaciones. El desafío para la mayoría de las organizaciones es que algunos datos serán descifrados varias veces, especialmente si es importante para las operaciones diarias del negocio. Esto también aumenta el riesgo de que los piratas informáticos podrían interceptar los datos descifrados. Recuerde que el descifrado posterior también aumenta las demandas de recursos.

Errores de cifrado que te dejan expuesto

El cifrado es el tema de muchas discusiones sobre la seguridad cibernética hoy en día. Ha ayudado a mantener a raya a los hackers, pero ese no es el final de todo. Hay algunos errores que la gente comete que eventualmente hará que sus procesos de cifrado inútiles frente a los ataques.

Piénsalo: si todos estos protocolos de cifrado son tan buenos, ¿por qué los gobiernos y las empresas son atacados constantemente y tienen un montón de datos robados? En los últimos años, hay muchas aplicaciones que se han metido en nuestros dispositivos. Estas aplicaciones exigen más procedimientos criptográficos para protegerlas y admitir sus funcionalidades. Un problema que tienen estas aplicaciones es que quienes las utilizan no utilizan protocolos de cifrado de la manera que deberían. Como resultado, el usuario y las aplicaciones terminan con una falsa noción de seguridad, que sólo se hace evidente en el momento en que son hackeados. Hemos detallado algunos de los errores comunes que amenazan con descarrilar el éxito del cifrado a continuación.

Uso de cifrado de bajo nivel - Las personas no se toman el cifrado en serio en absoluto. Las empresas siguen cifrando los datos mediante el cifrado de archivos o el cifrado de disco, que son algunos de los protocolos de cifrado de nivel más bajo. ¿Sabía que el cifrado de disco solo funciona cuando el servidor está apagado? Mientras el servidor esté encendido, su sistema operativo seguirá descifrando sus datos de modo que cualquier persona que tenga acceso a la red tenga acceso a los datos. Si hubiera una simple violación de datos, toda su información será vulnerable.

Suponiendo que tenga los mejores expertos en seguridad - Uno de los mayores errores que puede cometer es asumir que los desarrolladores en su empresa son los mejores expertos en seguridad en la industria. Sus ingenieros pueden ser algunos de los codificadores más sorprendentes que encontrará en toda su vida, pero esto no los convierte en los mejores en seguridad.

Es triste, pero incluso algunos de los desarrolladores más brillantes del mundo no están cerca de ser los mejores en seguridad de TI. La TI es un campo muy amplio. Es casi imposible para una persona ser experto en todos los aspectos de TI. Al principio de sus carreras, la mayoría de las personas cometen el error de pensar que pueden manejar cualquier cosa que se les presente. Sin embargo, una vez que se instalan en sus carreras, eligen un camino y se especializan en él.

En la mayoría de los casos, los expertos en seguridad son administradores de sistemas. A menos que la descripción de su trabajo diga lo contrario, casi nunca los encontrará escribiendo código. Una excepción es cuando se necesitan para entrar en algún sistema. Uno de los desafíos que tienen los desarrolladores de software es el orgullo. Se enorgullecen de averiguar las cosas y encontrar soluciones a los problemas. Por lo tanto, es muy improbable que alguno de ellos admita que no sabe cómo proteger su sistema. De hecho, la mayoría de ellos se sienten amenazados y pasados por alto cuando traes a un experto para manejar la seguridad de tu sistema. Incluso podrían rebelarse.

No te encuentres en esa trampa. Deje la seguridad a los expertos. Para la implementación de cifrado, solo tiene una oportunidad y debe hacerlo bien. Si el desarrollador comete un error con el código que escribe, es posible que observe un error con la representación en una página web específica. Sin embargo, si este error se experimenta en seguridad, toda la red podría estar en riesgo. Para empeorar las cosas, es posible que ni siquiera se dé cuenta del error en su código hasta que sea demasiado tarde.

Uso incorrecto de algoritmos y modos de cifrado: al cifrar datos personales y confidenciales, hay tantos algoritmos que puede utilizar. Desafortunadamente, no todos ellos son adecuados por las razones por las que los utiliza. Debe realizar su investigación para asegurarse de que los algoritmos de cifrado aplicados son adecuados. Muchos desarrolladores apenas entienden los riesgos que plantean a sus negocios con tales desafíos.

Interferencia humana - No importa lo bueno que sea el cifrado, es inútil sin la interfaz humana. El vínculo más débil es siempre el usuario final. Aunque los cifrados pueden ser matemáticamente sólidos, su complejidad puede dificultar que los usuarios los entiendan e implementen. Como resultado, algunas personas terminan deshabilitando el cifrado por completo sin reportarlo a las autoridades necesarias dentro de la organización. En el momento en que te das cuenta de que tus datos nunca fueron cifrados, los hackers ya habrán hecho un buen número en usted.

Administración inapropiada de claves: ¿Cómo administra las claves de cifrado? La gestión inapropiada es la forma más sencilla y sencilla de que sus datos acaben en las manos equivocadas. Incluso si utiliza el mejor programa de cifrado, una vez que sea descuidado con la administración de claves, todos sus esfuerzos serán inútiles.

Hay tantos errores que la gente comete con las claves de cifrado. Suponiendo que toda la información está firmada y cifrada correctamente, algunos errores comunes que las personas cometen incluyen mantener la clave en un archivo de configuración dentro de la aplicación y almacenarla en el sistema de archivos o en algún lugar dentro de la base de datos.

Algunos desarrolladores ni siquiera protegen las claves. Pueden encontrar un buen lugar para guardar las llaves, pero aún así dejarlo vulnerable. Su clave de cifrado es necesaria para descifrar la información, y también debe cifrar la clave de cifrado. Este es un procedimiento conocido como clave de cifrado de claves (KEK). El KEK debe mantenerse en una ubicación diferente de su sistema. También es posible proteger el KEK con una clave de firma maestra o una clave de cifrado maestra. Todas estas son capas importantes de protección que debe sconsiderar, pero la mayoría de la gente nunca lo hace.

Por lo tanto, supongamos que genera una clave de cifrado que cree que es perfecta para proteger su información; sin embargo, se utiliza la misma clave para todo. Esto no es diferente de tener 123456 como contraseña. Si alguien irrumpe en su sistema y accede a su clave de cifrado, puede estar seguro de que tratará de usarlo para descifrar cualquier otra cosa que se encuentran. Esta suposición de suerte podría ser tu caída.

El otro desafío son los desarrolladores que no planean cambiar la clave de cifrado. De vez en cuando, debe revisar su aparato de seguridad y cambiar las claves de cifrado. El mismo riesgo que se aplica cuando se utiliza la misma clave de cifrado para todos los servicios se aplica aquí también. Alguien probará suerte, y una vez que estén dentro de su sistema, pueden operar encubiertamente hasta que logren su misión.

El cumplimiento normativo no garantiza la seguridad: la demanda de cumplimiento no debe confundirse como garantía de seguridad. Sus redes y sistemas pueden estar a queja con ciertas regulaciones, pero esto no debería significar que baje la guardia. Mientras que las regulaciones exigen que usted cumpla con los estándares establecidos, algunos de ellos apenas mencionan cómo debe hacerlo.

A la luz de este desafío, es muy fácil estropear la seguridad de los datos. Desafortunadamente, cuando las cosas se ponen difíciles, las regulaciones no te cubrirán. De hecho, se usarán para crucificarte. Para empeorar las cosas, muchos desarrolladores en estos días añaden el nivel más básico de cifrado a su código y asumen que todo es perfecto. Esto le da a su negocio una falsa sensación de seguridad y seguridad, hasta que más adelante se dé cuenta de que nunca estuvo protegido en primer lugar.

Proveedores de servicios en la nube de confianza: los proveedores de servicios en la nube son como cualquier otro usuario de negocios; usarán un lenguaje hermoso para interesarle en sus servicios. El negocio de suscripciones vale miles de millones si no billones de dólares al año. Dado que las aplicaciones del lado del servidor y la computación en la nube están experimentando un crecimiento sin precedentes en este momento, todo el mundo está entusiasmado con la migración de sus negocios a plataformas de almacenamiento en la nube operadas por gigantes como Google, Microsoft y Amazon.

Por supuesto, estos proveedores de servicios toman las medidas de precaución necesarias para mantener sus servicios seguros. Invierten millones de dólares en seguridad cibernética para proteger a sus clientes y posicionar sus negocios como las mejores soluciones en la nube. Como resultado de esto, muchas personas asumen que una vez que crean una cuenta y transfieren datos a la nube, están a salvo, pero esto está mal.

Aunque la infraestructura física que presta servicios en la nube puede ser segura y, en algunos casos, incluso puede ofrecer servicios de cifrado, debe realizar sus propios servicios de cifrado desde su extremo. Antes de mover los datos a la nube, asegúrese de que están cifrados. Para ser justos, el cifrado de datos es su prerrogativa, no la del proveedor de servicios en la nube. En caso de que ofrezcan servicios de cifrado junto con los servicios en la nube que está pagando, esto es bueno para usted, ya que disfrutará de múltiples niveles de cifrado. Si no lo hacen, debe asegurarse de que sus datos estén protegidos. Recuerde que la ignorancia nunca es una defensa adecuada.

Si bien esta discusión podría pintar una imagen fea del paisaje de cifrado, no todo es perdición y tristeza. Hay mucho que puede hacer para asegurarse de que está protegido, seguro y utilizando los procedimientos adecuados para proteger sus datos. Consulte a expertos siempre que pueda.

Desacreditar los mitos sobre el cifrado de datos

No es necesario ser un nerd criptográfico para entender el concepto de cifrado o por qué es importante. Es simple, realmente; está ocultando su información detrás del código para que sea inútil para cualquier persona que accede a ella sin los códigos de descifrado correctos. A lo largo de los años, ha habido conceptos erróneos que existen sobre el cifrado. La mayoría de ellos se basan en mentiras o verdades a medias. La siguiente es una breve evaluación de estos mitos y razones lógicas por las que no son ciertos.

El cifrado es la reserva de las grandes organizaciones

Uno de los mayores conceptos erróneos es éste. Tal vez el origen podría remontarse al hecho de que, cada vez que se discute el cifrado, las discusiones se centran en las grandes organizaciones. Es bastante fácil entender por qué la gente podría pensar en esto.

El cifrado no es solo para grandes organizaciones; cualquier persona que comparte información a través de Internet necesita cifrado. Hoy en día, no son sólo las grandes organizaciones que son blanco de hackers, sino también individuos. Nadie está a salvo. Mientras estés en línea, sabe que alguien siempre está mirando.

¿Sabías que más del 40 por ciento de los ataques cibernéticos se dirigen a pequeñas empresas e individuos? La razón de esto es porque son conocidos por tener sistemas de seguridad débiles. Por lo tanto, los delincuentes pueden encontrar fácilmente lo que necesitan de ellos. Sin cifrado, alguien puede hackear sus dispositivos y utilizarlos como un medio de entrar en otro sistema. Sus dispositivos pueden ser hackeados en su red doméstica no segura, y cuando conecta sus dispositivos a la red doméstica, el hacker migra a la red de trabajo, que fue su intención todo el tiempo.

Para evitar que sus datos caigan en las manos equivocadas, trate de asegurarse de cifrar sus datos. Hay varias maneras de hacerlo. Puede encontrar soluciones más sencillas para sus dispositivos domésticos y electrodomésticos. Recuerde que si usted está dirigiendo una pequeña empresa o simplemente tiene una red personal en casa, el cifrado de sus datos es importante.

Bogs Down the Network

El problema del cifrado y el consumo de recursos es justo. La mayoría de las veces, usted sufrirá un rendimiento lento en la red al cifrar o descifrar algunos datos. Sin embargo, debe abstenerse de utilizar esto como excusa para no cifrar y proteger sus datos. Los beneficios de cifrar su información superan los desafíos que implica un rendimiento lento de la red durante el breve tiempo de tiempo en el que está cifrando o descifrando datos.

Hoy en día, este argumento apenas se mantiene. Tenemos dispositivos que están construidos para funcionar a velocidades muy altas. Estos dispositivos pueden manejar cifrados sin mucha interferencia en la red. Es posible que ni siquiera note el retraso de la red. Esto se debe a que los procesadores han mejorado drásticamente a lo largo de los años. Puedes hacer tanto con muy poco poder en los tiempos modernos.

La mayoría de los procesadores que utilizamos para computadoras hoy en día se construyen utilizando la tecnología AES NI. La tecnología AES NI potencia las máquinas con velocidades superiores, lo que le permite descifrar y cifrar datos sin problemas. Esta tecnología se divulga para habilitar el cifrado a tres veces la tasa habitual, mientras que también acelera la velocidad de descifrado hasta diez veces.

Desafíos de implementación

La implementación del cifrado no es tan difícil como algunas personas imaginan que es. De hecho, la forma más básica de cifrado, certificados SSL, que le permiten navegar por Internet, en realidad operan sin su conocimiento. Los certificados SSL garantizan que los datos a los que accede en línea estén protegidos a medida que intercambia paquetes de datos entre el navegador y el dispositivo.

Muchas personas todavía tienen la idea de que necesita un experto para instalar un certificado SSL en su servidor. Esta es una de las mayores falacias en lo que se refiere al cifrado. Los proveedores SSL tienen instrucciones muy simples que puede seguir para cifrar su servidor en unos pocos clics.

El cifrado es muy caro

La cuestión de la asequibilidad es otra que se reduce a la medida relativa. Lo que es caro para una persona podría ser una gota en el océano para otra. En términos de cifrado, muchas empresas hacen la suposición equivocada de que el cifrado no es asequible, sin embargo, siempre se puede disfrutar de increíbles ofertas de descuento de diferentes servicios de cifrado.

Cada programa de cifrado está diseñado teniendo en cuenta audiencias específicas. De hecho, algunos de ellos podrían estar fuera de su alcance, pero no todos lo están. Usted debe hacer algunas investigaciones para encontrar uno que satisfaga sus necesidades. Esto también le permite probar diferentes experiencias, y tal vez a medida que aprecia los servicios que recibe, es posible que pronto vea la necesidad de pagar más para acceder a los mejores servicios de cifrado en el futuro.

Encryption Bulletproofs Su Sistema

Si bien el cifrado hará que sea casi imposible para alguien interpretar su información, no significa que esté completamente seguro. Teóricamente, descifrar claves criptográficas puede ser difícil, pero ciertamente no es imposible. Hay laboratorios en todo el mundo que han dedicado su tiempo y recursos para encontrar una manera de evitar los protocolos de cifrado.

Las brechas de seguridad todavía ocurren, incluso con algunos de los mejores procedimientos de cifrado en su lugar. Una de las razones detrás de esto no es que los piratas informáticos lograron descifrar la información, pero hay un mal manejo de las claves de cifrado. Algunas personas almacenan sus claves de cifrado en los mismos sistemas que cifran. Debe ejercer la diligencia debida al tratar con claves de cifrado y protocolos para que todo lo que trabaja está protegido.

El cifrado es para organizaciones compatibles

Es increíble las longitudes a las que la gente va a ir para evitar el cifrado de sus datos, sin embargo, son sus recursos los que están en la línea. Por supuesto, cualquier entidad que opere en un mercado regulado debe seguir las pautas establecidas, o perderá su licencia para operar. La seguridad de los datos es seria, y las autoridades están tomando una posición firme sobre él. Las empresas deben ejercer la debida diligencia para proteger a sus clientes.

Ya sea que esté obligado a cifrar sus datos o no, es un concepto lógico para cifrar datos confidenciales, ya que puede caer en las manos equivocadas, lo que resulta en que usted lucha batallas legales que podrían ejecutar su empresa en el suelo.

El mito del cifrado SSL

SSL es un método de cifrado que protege sus datos al navegar en línea. Dado que casi siempre funciona sin ninguna entrada de su extremo, muchas personas asumen que cifra todos los datos. Esto no es cierto. SSL solo cifra los datos que se transfieren. No protege los datos estáticos. Debe tomar la iniciativa y cifrar todos los datos a los que tiene acceso, especialmente porque están escritos en el disco.

Los datos cifrados no pueden ser robados

Debe darse cuenta de que no hay ningún programa o proyecto de seguridad que pueda ofrecerle una protección del 100 por ciento, como se mencionó anteriormente. Los mejores productos de seguridad del mercado tratarán de ofrecer la máxima protección a su mejor conocimiento. Sin embargo, una gran cantidad de factores entran en juego que migcouldht hacen difícil para estos programas para proteger sus datos en consecuencia.

Las empresas e individuos más seguros son aquellos que creen que sus datos nunca son seguros, y como resultado, siguen buscando maneras de proteger sus datos. Si usted cree que sus datos están protegidos en virtud del hecho de que usted los encende, se convierte en un pato sentado y sólo podría darse cuenta de su error una vez que sus datos se limpian o el FBI está en su puerta, acusándolo de un crimen que no tiene ideasobre .

Capítulo 5

Iniciación del Protocolo de Infracción

Por lo tanto, digamos que sucede el peor escenario. Te despiertas un día preparándote para el trabajo, pero tu teléfono no puede dejar de sonar. Las notificaciones siguen cayendo como gotas de lluvia. Resiste la tentación de revisar tu teléfono hasta que llegues a la oficina. A estas alturas, probablemente estés seguro de que algo grande está sucediendo, y la ansiedad te está matando. Cuando llegas a la oficina, es caótico. Todo el mundo parece estar ocupado con algo, la gente está corriendo alrededor, y te das cuenta de que la mayoría de tus superiores están escondidos en reuniones que nunca estuviste al tanto. Entonces te golpea, has sido hackeado.

Este es uno de esos escenarios que todo el mundo teme, pero en algún momento en la esfera digital moderna, debe prepararse para ello. Si tienes suerte, tal vez nunca tengas que lidiar con eso. La pregunta más importante: ¿tiene un protocolo de violación?

Hay diferentes maneras de lidiar con una violación. Las primeras horas desde el momento en que se da cuenta de que ha sido comprometido son importantes y determinará cómo salir de esta situación. Lidiar con un hack no es diferente de lidiar con un ataque terrorista. Los hackers son terroristas. Piensa en los ataques del 11 de 11 de elm. Después del primer ataque, se movilizaron operaciones de rescate para manejar la situación. Sin embargo, una segunda explosión siguió que agravó la pérdida, dado que los miembros del equipo de rescate pronto fueron añadidos a la lista de víctimas.

Necesitaun un protocolo de violación elaborado en caso de ataque. Sin uno, usted podría apresurarse en el escenario, desencadenando una avalancha de eventos que efectivamente le vería completar la misión del hacker. Algunos hackers invaden su sistema con la esperanza de la aniquilación total. Ejecutan un hack tan perfecto, una respuesta caótica a raíz de desenterrar sus actividades en su sistema podría terminar siendo igual de catastrófico.

Montaje de un grupo de trabajo

No importa lo que está sucediendo o lo que está en juego, una cosa es cierta - que han sido hackeados. Tu desnudez está expuesta para que todo el mundo lo vea. Lo último que quieres hacer es entrar en modo de pánico. Para manejar la situación, debes pensar con claridad y rapidez. Resiste la necesidad de cambiar la culpa o apuntar con los dedos. En ese momento, toda la compañía está siendo atacada, por lo que nadie realmente se preocupa por el departamento responsable de las vulnerabilidades. La marca de su empresa probablemente está en tendencia en las redes sociales en ese momento con las redes de noticias que llevan noticias de última hora sobre su empresa.

Los hacks ocurren, pero no es el fin del mundo. Debe tener un plan para permitir que su equipo se concentre en lo que está por venir. La presión será intensa, pero todos deben seguir el protocolo establecido. Dependiendo del tamaño de su organización y de los recursos a su disposición, es posible que necesite un equipo de gestión de crisis.

Convocar una reunión de emergencia e informar a todos los empleados del estado actual. Recuérdeles que durante este tiempo turbulento, deben mantener la calma, y si es posible, evitar las redes sociales. No deben responder o discutir nada sobre el hack con nadie. Todos los asuntos relacionados con el hack será respondido por alguien específicamente designado por la compañía para tratar este tema en particular.

Mantenga conversaciones con los jefes de departamento pertinentes y trate de entender la situación lo antes posible. También, identificar defectos técnicos en su sistema que podrían ser responsables del hackeo, y asegúrese de que tiene a alguien listo para tratar con los medios de comunicación y manejar la comunicación del cliente y las relaciones adecuadamente.

Recuerde que sus clientes están tratando de entender lo que está sucediendo tanto como usted está tratando de entender la situación. Si no aborda sus preocupaciones de manera oportuna, la situación podría salirse de control muy rápido. Siempre existe el riesgo de que usted podría estar mirando litigios a la luz del hackeo, así que asegúrese de tener un equipo legal listo para comenzar a investigar y mirar las posibles soluciones. Este no es el momento de ser atrapado sin darse cuenta.

Uno de los errores que la mayoría de las empresas han cometido en el pasado es permanecer en silencio sobre los hacks, sólo revelando la verdad después de que son presionados a la acción por partes autorizadas. Si haces esto, tus clientes se sentirán engañados, y entonces tendrás un problema más grande con el que lidiar. En caso de que su negocio no sea tan elaborado para tener todos estos protocolos en su lugar, póngase en contacto con un tercero relevante tan pronto como se dé cuenta de que está comprometido, y haga que le guíen sobre cómo proceder.

Contener la situación

El grupo de trabajo que responde a un incidente de piratería podría desempeñar diferentes funciones dependiendo de la naturaleza del ataque. Mientras manejas la pesadilla de relaciones públicas que sigue, deberías tener gente trabajando detrás de las escenas para contener el daño. Una de las primeras cosas que deben hacer después de identificar el problema es pensar en una solución para parchearlo. Los parches ofrecerán una solución temporal a sus desafíos tecnológicos o eliminarán el virus que podría haber paralizado sus sistemas.

Un buen ejemplo de esto es el error Heartbleed de 2014 (Gujrathi, 2014; Sánchez, 2014). Al menos el 17 por ciento de los servidores en Internet se vieron afectados. Tan pronto como se detectó el error, un parche de seguridad estaba disponible casi instantáneamente.

Aquellos que fueron rápidos en responder arrestaron el problema antes de que se saliera de control. Algunos administradores de red, sin embargo, fueron demasiado lentos para responder y, como resultado, sus servidores quedaron expuestos más tiempo del que deberían haber sido.

Casi siempre tendrá que restablecer sus contraseñas después de una brecha de seguridad. Es posible que no sea consciente de cuántos datos se vieron comprometidos o la naturaleza de los datos que se vieron comprometidos, por lo que para estar seguro, tiene sentido animar a todos a cambiar sus contraseñas.

Saque los dispositivos de Internet e instituya una cuarentena para cualquier dispositivo que haya estado expuesto o que haya sido expuesto. Si el hack fue un trabajo interno o asistido por alguien con acceso de información privilegiada, bloquear sus cuentas, revocar su acceso, y hacer que su equipo de seguridad investigar sus dispositivos para entender su papel en el hack y lo profundo que se ejecuta. Tome todas las medidas necesarias para asegurarse de que el ataque no pone en peligro la integridad de su organización o cualquier investigación sobre el asunto.

Evaluación

¿Quién se vio afectado? ¿Cuántos datos perdiste? ¿Cuál es la naturaleza de los datos que se perdieron? ¿Qué pasos debe seguir a la luz de los datos comprometidos? Es posible que no pueda determinar la naturaleza del compromiso inmediatamente. Por lo tanto, debe ser cuidadoso y conservador con respecto a la forma en que procede. También puede traer a un experto para ayudarle a entender el alcance del ataque y para aconsejarle sobre la causa necesaria de la acción.

Después de haber entendido los datos comprometidos, averiguar cómo estos datos se pueden utilizar en las manos de los atacantes. Una violación grave es aquel en el que los datos robados pueden ser utilizados para actos delictivos como el robo de identidad. Debe elevar esto a las autoridades pertinentes lo antes posible. Si sus datos se cifraron, el riesgo es relativamente menor, pero dependiendo del tipo de cifrado, todavía debe estar atento.

Su respuesta al hack también depende del contexto. ¿Fue un hack o una violación general de la seguridad? Un hack objetivo implica que los atacantes estaban buscando algo específico, y si lo encontraron, sus problemas podrían ser mayores de lo que sospecha que son.

Mitigación de futuros ataques

Un ataque le presenta una oportunidad peculiar para reevaluar su posición de seguridad y mejorar sus sistemas. Puedes mirar hacia atrás en las lecciones aprendidas del ataque y reforzar tus mecanismos de defensa. Hable con un consultor de seguridad y obtenga una perspectiva profesional sobre sus protocolos de seguridad actuales. Esta es una buena manera de asegurarse de que nunca vuelva a sufrir el mismo riesgo.

Abordar los defectos de seguridad que fueron expuestos en el hack, y hacer los cambios necesarios, documentándolos en consecuencia;

esta documentación será útil para futuras referencias. Capacite a su personal con respecto a cualquier cambio que realice para fortalecer sus procesos de seguridad para que sean conscientes de lo que se espera de ellos. Cualquier arreglo o acuerdo que haya tenido con los proveedores de servicios debe ser revisado para asegurarse de que se ajustan a sus cambios actuales y cumplen con las obligaciones de seguridad necesarias.

La administración tiene las herramientas necesarias y capacidades de supervisión para hacer frente a una violación cuando sucede. Hay tantos datos disponibles a su disposición que se pueden utilizar para entender las razones detrás de un ciberataque y cómo prevenir uno en el futuro.

Cada atacante tiene una misión diferente. La naturaleza de los sistemas empresariales también es única para todas las situaciones e industrias. Por lo tanto, los mismos mecanismos de respuesta no se aplicarán a todos. Debe revisar los datos de diferentes fuentes para ayudarle a prescribir los mecanismos de respuesta adecuados para su situación. Las siguientes recomendaciones se pueden considerar en función de su viabilidad y aplicabilidad a la posición de su organización.

Comprender su perfil de riesgo: las empresas, las personas y las empresas están expuestas a diferentes riesgos dependiendo del nicho en el que operan. Al comprender la naturaleza de su entorno empresarial, tiene una mejor oportunidad de determinar los posibles riesgos contra los que necesita protección. Por supuesto, puede haber algunos escenarios en los que algunos riesgos lo pillen desprevenido, pero un análisis cuidadoso debería ayudarle a prepararse para los riesgos inherentes a la naturaleza de su negocio o el entorno de la industria.

En una industria altamente competitiva, por ejemplo, casi siempre tendrá que preocuparse de que sus competidores espíen sus procesos de investigación y desarrollo para obtener una ventaja por encima de usted en el mercado. Una vez que entienda los riesgos a los que se enfrenta, es más fácil instituir procedimientos e incentivos de seguridad cibernética adecuados.

Soporte ejecutivo: la mayoría de las organizaciones con los mejores sistemas de seguridad cuentan con el apoyo de la administración de alto nivel. Sin su buena voluntad, es casi imposible implementar los sistemas, prácticas y protocolos de seguridad adecuados. Es obligatorio en la era digital que las empresas sean dirigidas por equipos directivos que entiendan el importante papel que juega la seguridad. La seguridad siempre debe ser parte de las prácticas culturales de la organización.

Empleados de detección: las empresas dependen de los empleados para manejar los datos confidenciales con diligencia. Sin embargo, no todos los empleados comparten los mismos objetivos y ética moral que las partes interesadas y los propietarios de negocios. Algunas personas están en el negocio para ganarse la vida. Otros no son conscientes de lo que están haciendo en sus vidas, por lo que mientras se les pague por trabajar, son felices.

La evaluación de los empleados no debe limitarse a buscar las habilidades adecuadas para permitir que los empleados trabajen en la empresa, sino que también debe considerar la idoneidad de los empleados en términos de sus creencias básicas, y si estos están alineados con el núcleo de la organización Objetivos. Teniendo en cuenta que el eslabón más débil en cualquier sistema suele ser la interfaz humana, debe tomar en serio la detección de empleados para asegurarse de que tiene personas que están trabajando hacia los mismos objetivos que el negocio.

Capacitación adecuada: obtenga la formación necesaria para garantizar que sus empleados estén al tanto de las políticas que trabajan en sus operaciones. El cumplimiento es una parte importante de la mitigación de las brechas de seguridad. Dada la implementación del RGPD, debe capacitar a su personal para ayudarle a proteger todos los datos que encuentran y para evitar el riesgo de fuertes sanciones.

Aparte de la capacitación general, las personas que manejan información altamente sensible deben recibir capacitación especial para permitirles llevar a cabo su mandato sin ningún desafío. Estas personas son clave para la supervivencia de su empresa, y en el improbable caso de una violación, ellos serán los que le ayudarán a comenzar un nuevo capítulo.

Abordar las amenazas con la seriedad que merecen - Puede sonar descaes, pero muchas empresas apenas tratan los riesgos de seguridad con la seriedad que merecen. Mientras que muchas empresas ya entienden los riesgos a los que se enfrentan en sus negocios, la mayoría de ellas no hacen nada al respecto. Ignoran y asumen que no son los objetivos de los atacantes, suponiendo que los hackers son sólo después de las grandes empresas.

Lo que estos propietarios de negocios no se dan cuenta es que los hackers pueden hacer tantas cosas con la información que tienen. Las firmas digitales pueden ser alteradas y utilizadas en delitos cibernéticos. Los hackers pueden obtener información sobre usted de sus redes y dispositivos, información que es posible que no tenga conocimiento que tenía en primer lugar. Los hackers apenas van tras su sistema por el bien de sólo atacar un sistema; siempre hay algo útil para ellos en su sistema. Sus datos pueden parecer relativamente menos valiosos que los datos de una gran corporación, pero nunca se sabe lo que un hacker va a hacer con él.

Mantener los sistemas actualizados - Usted se sorprendería al saber que muchas empresas no actualizan sus sistemas, y una gran mayoría ni siquiera utilizan software legítimo. Muchas personas utilizan software agrietado y pirateado, lo que derrota el propósito de la privacidad y la seguridad. Un programa agrietado es aquel que, por defecto, ya tiene lagunas en su código. Estas lagunas son explotadas por los piratas informáticos. Algunos de los piratas informáticos preparan estas grietas y liberarlos a través de torrents y otras plataformas de intercambio de archivos donde pueden ser descargados por las masas.

La mayoría de las personas que utilizan este tipo de programas lo hacen porque sienten que las versiones legítimas son demasiado caros. Sin embargo, el precio que finalmente pagan por el uso de software pirateado es demasiado alto. Es más seguro comprar el programa original e instalarlo. Además, el uso de software pirateado está infringiendo los derechos de propiedad intelectual de los desarrolladores, y usted puede ser demandado por esto.

Copias de seguridad: ¿con qué frecuencia realiza una copia de seguridad de sus datos? Es recomendable que tenga varias copias de seguridad en diferentes lugares. Actualmente, muchas personas y empresas realizan copias de seguridad de sus sistemas y datos en una instalación de almacenamiento en la nube. Sin embargo, eso no es suficiente. También debe tener datos respaldados en una instalación separada y fuera del sitio.

Las copias de seguridad le permiten reiniciar sus operaciones después de un ataque sin muchos desafíos. Sin copias de seguridad, es posible que nunca pueda recuperarse de un hackeo. Nunca pase por alto la importancia de guardar sus datos en otro lugar, especialmente para los datos que son críticos para las operaciones principales del negocio.

Aplicación de políticas: las políticas son tan buenas como los esfuerzos para aplicarlas. Si tiene algunas buenas políticas pero no puede aplicarlas eficazmente, podrían ser inútiles. La mayoría de las entidades limitan sus directivas a las contraseñas, pero las contraseñas no son suficientes para protegerlo. Debe ir más allá y documentar sus políticas sobre procedimientos y procesos de seguridad.

Al aplicar políticas, asegúrese de que el brazo ejecutivo de la empresa está proporcionando apoyo. La gente verá la gravedad en la aplicación de políticas cuando la alta dirección actúe de tal manera que sugiera que están trabajando mano a mano con el negocio para cumplir los objetivos fundamentales de sus operaciones. Al aplicar las políticas, también debe darse cuenta de que algunos miembros de la fuerza de trabajo no son expertos en tecnología. Por este motivo, asegúrese de simplificar las directivas para que ellas también puedan comprender lo que se espera de ellas.

Invertir en seguridad - Invertir en seguridad. Esta es la solución más sencilla para la mayoría de sus preocupaciones de seguridad. No pase por alto la necesidad de una plataforma de seguridad robusta. Asegúrese de consultar a expertos de la industria sobre los riesgos asociados con su operación. A partir de ahí, analice un plan de acción y cómo implementar directivas empresariales en su organización, respaldadas por el aparato de seguridad necesario.

Una cosa que usted ya puede ser consciente de es el hecho de que no hay un mecanismo único en la seguridad cibernética. Debido a esto, no siempre debe ser leal a los proveedores de hardware o software. Asegúrese de que está constantemente buscando alternativas mejores y más eficientes.

Capítulo 6

Prevención de ataques cibernéticos

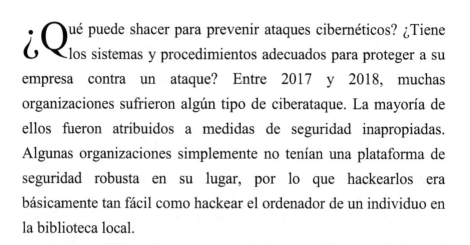

¿Qué puede shacer para prevenir ataques cibernéticos? ¿Tiene los sistemas y procedimientos adecuados para proteger a su empresa contra un ataque? Entre 2017 y 2018, muchas organizaciones sufrieron algún tipo de ciberataque. La mayoría de ellos fueron atribuidos a medidas de seguridad inapropiadas. Algunas organizaciones simplemente no tenían una plataforma de seguridad robusta en su lugar, por lo que hackearlos era básicamente tan fácil como hackear el ordenador de un individuo en la biblioteca local.

Tipos de ciberataques

El comportamiento humano es uno de los peores facilitadores de los ciberataques. Es muy fácil permitir que un criminal en su plataforma segura. Todo lo que necesitan es ganarse la confianza de alguien, y tú estás acabado. Por lo tanto, es importante aprender a identificar amenazas y, a partir de ahí, cómo protegerse de esas amenazas percibidas.

Hay dos amplias categorías de ataques cibernéticos: ataques semánticos y ataques sintácticos.

Ataques semánticos

Un ataque semántico se trata de ingeniería social. Estos ataques se realizan alterando el comportamiento de alguien dentro de la organización dirigida por los piratas informáticos. El software involucrado juega un papel muy pequeño, a diferencia de los ataques sintácticos. Los ataques semánticos son básicamente sobre la percepción (Noor et al., 2017)

El phishing es uno de los ataques semánticos más populares en el que los piratas informáticos envían un correo electrónico con la esperanza de recopilar cierta información de la víctima. Es posible que no sea consciente del ataque de phishing hasta que sea demasiado tarde, porque los piratas informáticos clonan correos electrónicos de correspondencia con la que interactúa regularmente. Estas son personas en las que confías, por lo que apenas se cruza para asegurarse de que los correos electrónicos son legítimos.

Una vez que haga clic en un enlace en el correo electrónico, se le pedirá que proporcione información para ayudarles a verificar su cuenta. Al hacerlo, usted proporciona voluntariamente todas las credenciales de acceso que los hackers necesitan para derribarlo. Algunos ataques de phishing también pueden incluir virus y gusanos. Sin embargo, el modus operandi es engañar a creer que la dirección de correo electrónico es legítima, proporcionando voluntariamente la información que los hackers necesitan. Lo peor de la ingeniería social es que algunos ataques son una combinación de ataques semánticos y sintácticos, y como tal, los efectos pueden ser devastadores.

Ataques sintácticos

Un ataque sintáctico viene después de su red a través de diferentes canales. Estos ataques se llevan a cabo a menudo a través de programas maliciosos. Los programas más comunes utilizados para los ataques sintácticos son tan detallados a continuación.

Caballos de Troya - Un caballo de Troya es algo que parece inofensivo. Lo permitirás en tu sistema, sin saber el peligro que posee. Hoy en día, los caballos de Troya se pueden enviar utilizando varios métodos, incluyendo hackers clonación de un correo electrónico. El correo electrónico se verá como si proviene de alguien que conoces o en quien confías, pero su propósito principal es robar tu información o destruir tu sistema , cualquiera que sea la razón por la que los hackers lo enviaron.

Gusanos - Los gusanos son únicos. No necesitan la acción de otro programa para propagarse a través de su ordenador o red. Los gusanos a menudo se implementan como agentes secretos. Recopilan e informan información sobre su red a los piratas informáticos. Se propagan muy rápido en una red y pueden paralizarlo tan pronto como el hacker logra sus objetivos.

Virus - Un virus es básicamente un programa que se adjunta a otro programa o archivo. Se replican cuando se accede al programa o archivo infectado. Los virus son comunes en archivos compartidos y descargados y archivos adjuntos enviados por correo electrónico. Cuando el virus está activado, puede enviarse a sí mismo a cada persona en su lista de contactos.

Cómo proteger su negocio

Debe implementar un buen plan de seguridad y algunas estrategias que le ayudarán a proteger su plataforma y proteger sus intereses. A la luz de la adopción del RGPD, muchas empresas están haciendo cambios en sus operaciones. (Tal vez la amenaza de fuertes multas podría estar funcionando después de todo.) Uno de los beneficios del RGPD es que permite al consumidor medio recuperar el control sobre sus datos y cómo se puede acceder a ellos. Con esto en mente, los clientes también pueden informar cada vez que sienten que la empresa no está haciendo lo suficiente para proteger sus datos. Para asegurarnos de que no se encuentre en el lado equivocado de la ley, hemos incluido algunas pautas que pueden ayudarle a proteger sus redes y prevenir un ataque cibernético.

Identificación de amenazas

Haga que sea un hábito de reportar cualquier amenaza a su sistema. Algo tan simple como el acceso no autorizado podría no significar mucho para usted hasta que sea demasiado tarde. Nada es demasiado pequeño para informar cuando se trata de seguridad cibernética. La posterior pérdida de información o la denegación de acceso a servicios importantes es una prueba de ello.

Hoy en día, muchas empresas manejan información que es muy sensible. Esta es información que atraería a la mayoría de los hackers, especialmente cuando se dan cuenta de que sus sistemas utilizan protocolos de seguridad débiles. Recuerde que los piratas informáticos siempre están pescando en Internet en busca de vulnerabilidades que pueden explotar. No debes permitirles esta oportunidad.

Si alguien va a hackearte, al menos haz su vida difícil mientras lo intentas. Tome las medidas de precaución apropiadas para mantener segura la información importante sobre su empresa. Identifique y reporte las amenazas tan pronto como ocurran para que las partes y autoridades pertinentes puedan investigarlas y limpiar su conciencia sobre ellas antes de que las cosas se salgan de control y lo pierdan todo.

Esperar un ataque

En el mundo digital de hoy, es prudente esperar que un ataque sea siempre inminente. De esta manera, usted continuará con sus operaciones esperando un ataque en un momento dado. Teniendo esto en cuenta, las operaciones comerciales se llevarán a cabo con todos los controles y saldos en su lugar.

Trate de determinar el tipo de información que maneja y clasificar aquellos que podrían ser extremadamente importantes para los hackers de los que no lo son. Los hackers podrían venir después de su empresa para cualquier tipo de información. Algunos podrían acampar en sus sistemas con la esperanza de encontrar un margen de maniobra en los sistemas de otra empresa, especialmente si usted trata con otras grandes corporaciones como terceros.

Los procesos astutos de evaluación de riesgos le ayudarán a asegurarse de que tiene las soluciones adecuadas para sus problemas tan pronto como surjan. Es posible que no esté seguro sobre el tipo de información que maneja, que podría ser atractiva para los piratas informáticos, por lo que la mejor manera es asegurarse de que todo está protegido.

Gestión de empleados

Nadie tiene la mejor visión de su negocio como lo hacen sus empleados. Son las personas que mantienen su negocio funcionando y vivo. Es justo que los mantengas felices y motivados para trabajar hacia los mismos objetivos que tiene tu negocio.

En la era digital, la lealtad es difícil de lograr. Su deseo de tener empleados que hagan todo lo posible para proteger la santidad de su organización podría no ser alcanzable. Sin embargo, puedes tomar medidas para asegurarte de que nunca tengas que arriesgarte a que te disparen en el pie por las personas en las que confías. Una fuerza de trabajo motivada siempre es algo bueno.

Aparte de motivar a los empleados, trate de asegurarse de que son conscientes de sus roles en la organización y sobre la protección de datos que requiere la ley. Asegúrese de que todos entiendan su responsabilidad y el límite de su responsabilidad por los datos que manejan o protegen. Algunas personas regalan libremente información a veces inadvertidamente, porque no son conscientes de los riesgos involucrados o de las ramificaciones legales de sus acciones. Educar adecuadamente a los empleados sobre sus responsabilidades legales puede salvarle a largo plazo.

Trate de fomentar un ambiente donde las personas asuman la responsabilidad de sus acciones. Esto alienta a los empleados a ser honestos y darse cuenta de que tienen el control de algo. Son cuidadores y protectores de algo importante. Dicho esto, también debe tomar medidas de precaución mediante la instalación de una capa adicional de seguridad más allá de lo que espera que los empleados hagan por su parte. Es posible que sus empleados no siempre estén trabajando hacia los mismos objetivos que usted. Siempre que sea posible, utilice un administrador de contraseñas para asegurarse de que todos utilizan una contraseña adecuada.

Autenticación de dos factores

Todo el mundo lo está usando, así que ¿por qué no implementarlo para su empresa? Es posible que haya notado que la mayoría de las aplicaciones que utiliza han cambiado a la autenticación de dos factores. Desde Facebook hasta Gmail, todo el mundo está agregando una capa adicional de protección para tus datos. Trate de hacer lo mismo para su empresa.

La autenticación de dos factores ayuda a proteger sus sistemas y datos mediante la adición de un paso de verificación adicional para acceder a las cuentas. Anime a todos sus empleados a usarlo. Una vez que introduzca la contraseña, recibirá un mensaje en su teléfono, sin el cual no puede acceder a las cuentas. Esto hace que sea difícil para los atacantes ir tras su sistema, obligándolos a encontrar una manera alternativa de hacerlo.

Si bien es posible que no sea capaz de detener a los piratas informáticos de tratar de atacar sus sistemas, puede hacer todo lo posible para disuadirlos por completo. Hacer que el proceso de acceso sea lo más incómodo y difícil posible es una de las mejores maneras de lograrlo.

Auditorías del sistema

¿Cuándo fue la última vez que realizó una auditoría del sistema en su red? ¿Está seguro del estado de salud de su red? Necesita una auditoría interna y una auditoría externa para asegurarse de que su sistema no está en peligro.

A través de una auditoría exhaustiva, puede aprender mucho acerca de sus vulnerabilidades a las que está expuesto. Un auditor de sistemas externos también le asesorará sobre su situación actual a la luz de las regulaciones de la industria, para que pueda mejorar sus sistemas y operar un negocio compatible.

Cuando empiezas tu empresa como una pequeña empresa, cosas como las auditorías del sistema apenas tienen sentido para ti, y parece que estás gastando dinero que no tienes. Incluso podría considerarlo una vez en mucho tiempo. Sin embargo, a medida que el negocio crece, obtendrá un punto en el que la necesidad de una auditoría del sistema se convierte en obligatoria. Una auditoría le ayuda a reducir los riesgos de ser hackeado. Hay tantos expertos en la industria que pueden ayudarle con una auditoría del sistema, incluyendo personas que han estado en la industria de la seguridad cibernética durante muchos años. Su comprensión de la seguridad cibernética funcionará a su favor y le ayudará a proteger su negocio.

Políticas de cierre de sesión

Si emite dispositivos móviles, tabletas y computadoras portátiles a sus empleados, asegúrese de que los cierren antes de que salgan de la empresa. Esto es importante para que no se filtre información privilegiada. También debe buscar en los protocolos de cifrado cualquier información que se pasa a través de sus redes y dispositivos. La idea aquí es mantener la confidencialidad y la integridad.

Póliza

Es prudente en esta era digital tener un seguro contra los ciberataques. Los hackers están por todas partes, y teniendo en cuenta la naturaleza de los datos y la información que procesa, se recomienda encarecidamente que encuentre una póliza de seguro que se adapte a su operación. Al discutir los riesgos involucrados con su aseguradora, puede aprender mucho sobre el desafío que tiene por delante y tomarlo como un incentivo para abordar los posibles escenarios de riesgo. Una póliza de seguro cubrirá su negocio en caso de un ciberataque. Sin embargo, al tomar la iniciativa de mejorar su seguridad en función de los riesgos discutidos, usted se salvará de una gran cantidad de desafíos innecesarios.

Resiliencia de ciberataques

La naturaleza de los riesgos a los que está expuesto una vez que su negocio está conectado a Internet es tremenda. Los hackers pueden tener efectos extremadamente perjudiciales en sus operaciones. Muchas empresas hoy en día dependen de Internet, las redes sociales y la tecnología para seguir siendo competitivas en sus industrias. Debe asegurarse de que su empresa es ciberresiliente, por lo que puede evitar riesgos asociados con el tiempo de inactividad del negocio, la pérdida de ingresos y muchos otros costos que quizás no esté al tanto.

El tamaño de su empresa no importa. Cualquiera puede ser víctima de un ataque cibernético. Tomar medidas preventivas para proteger su negocio le ayudará a obtener una ventaja en términos de asegurar su negocio al reducir su exposición al riesgo. Además, un perfil de seguridad astuto también funcionará a su favor, ayudándole a mejorar su imagen de marca y reputación de negocio, y puede mejorar su atractivo para los inversores.

Actualizaciones de software

Una de las formas más sencillas de proteger su negocio de los ataques es asegurarse de utilizar software actualizado. El gigante tecnológico HP reveló que la aplicación de un parche de software en el momento adecuado puede prevenir al menos el 85 por ciento de los ciberataques dirigidos. Los desarrolladores de software a menudo lanzan parches para sus programas con la frecuencia necesaria, y más a menudo en respuesta a las amenazas cibernéticas prevalecientes en el mundo de los negocios globales. Con esto en mente, asegúrese de obtener la última actualización de cualquier software que esté utilizando. Las actualizaciones periódicas mantienen sus sistemas protegidos contra vulnerabilidades. Es por eso que los desarrolladores lanzan actualizaciones de vez en cuando.

Pruebas de penetración

No todos los hackers son malas personas. Algunos hackers son buenos para su negocio. Para garantizar que usted dirige un negocio tecnológicamente saludable y sólido, debe considerar la contratación de un experto para realizar pruebas de penetración y evaluar la vulnerabilidad de sus sistemas. Esto es algo que debes hacer regularmente. Puede hacerlo mensualmente, trimestralmente o incluso anualmente, dependiendo de lo que funcione mejor para usted. Los resultados de estas pruebas le ayudarán a identificar dónde se encuentran sus debilidades, y el consultor también le aconsejará sobre cómo lidiar con ellas.

La necesidad de una formación adecuada

Si tiene el mejor y más seguro sistema del mundo, pero sus empleados no son conscientes de cómo administrarlo, usted no sirve para nada. La capacitación es importante para proteger sus negocios. La mayoría de los empleados, sin saberlo, dan la bienvenida a los hackers en su mundo. Carecen de la comprensión básica de las políticas y prácticas de seguridad, y cómo evitar ataques.

Muchas empresas tienen a sus empleados firmando en computadoras en cibercafés con sus cuentas comerciales oficiales, y al mismo tiempo, se olvidan de cerrar sesión y borrar su historial de navegación cuando hayan terminado.

Aparte de capacitar a sus empleados, también debe recordarles con frecuencia acerca de las políticas que han aprendido y cómo hacerlas cumplir. Asegúrese de que todos se adhieran a las pautas establecidas o sus empleados serán su eslabón más débil, como siempre lo son. Además de la capacitación, asegúrese de que todos aprendan la importancia de asumir la responsabilidad de sus acciones. Los empleados deben proteger sus departamentos y expedientes. El acceso a los datos es un aspecto crítico hoy en día que no debe tomarse a la ligera. Una vez que todo el mundo entiende sus responsabilidades y responsabilidad por los dispositivos a su cuidado, tendrá un tiempo más fácil para mitigar los ciberataques.

Proteja sus correos electrónicos

Entre otros ataques, los ataques de phishing se propagan principalmente a través de correos electrónicos. Esta es una forma elaborada de ingeniería social donde los hackers convencen al destinatario de que son alguien en quien deben confiar. Teniendo en cuenta que los correos electrónicos son la forma principal de comunicación en este momento, hay muchos riesgos involucrados en el uso de correos electrónicos sin protección. Para proteger sus correos electrónicos, debe invertir en un servicio antispam que muestra los correos electrónicos de su empresa.

Red privada virtual (VPN)

Se recomienda que compre software VPN y asegúrese de que todos los empleados lo instalen. Si necesitan acceder a los servicios de la empresa y no están dentro de las instalaciones, primero deben conectar la VPN. Las VPN cifran toda la información que se intercambia a través de ellas, mejorando su seguridad. Con una política como esta, toda la comunicación tiene lugar a través de un canal cifrado. Algunas organizaciones incluso ejecutan servicios VPN en el trabajo, lo que dificulta que alguien incumpla sus sistemas.

Plan de Gestión de Desastres

Asegúrese de tener un plan sólido de gestión de desastres. En caso de una violación de datos, debe tener un plan de recuperación que restaurará su negocio a pleno funcionamiento en poco tiempo mientras intenta resolver los problemas en segundo plano. Un plan de gestión de desastres no es algo único. El plan debe ser probado periódicamente y actualizado para satisfacer las demandas actuales del negocio y resaltar la resiliencia para presentar riesgos de ataques cibernéticos.

Acceso de usuarioprivilegiado

Todos en su empresa no pueden tener el mismo nivel de acceso. Algunas personas solo necesitan acceso limitado para permitirles llevar a cabo sus operaciones. Esto se aplica especialmente al acceso a datos. Algunos elementos de los datos en su posesión deben limitarse a los empleados con alto acceso de privilegios.

En la administración de datos, debe asegurarse de que tiene los controles adecuados para que todos tengan capacidades administrativas únicas sobre los sistemas de datos que ejecuta su negocio. La información confidencial solo debe ser accesible para muy pocas personas en el negocio.

Otro reto que experimentará es la correcta gestión de los medios extraíbles. Estas son las formas más fáciles para la mayoría de las amenazas cibernéticas para violar su sistema. Alguien entra con una unidad USB y la conecta a su computadora de trabajo, con la esperanza de copiar su lista de reproducción favorita para trabajar. Sin embargo, la unidad USB está infectada, y así, su ordenador también lo es. La infección pronto se propagará y antes de que te des cuenta, si se trataba de un ataque dirigido, tu negocio está sitiado.

Insistir en escanear medios extraíbles antes de que se utilice en su red; o, alternativamente, prohibirlos por completo. Anime a los usuarios a compartir información a través de redes. Las redes cuentan con cortafuegos que pueden impedir la transferencia o el uso compartido de archivos comprometidos. Hoy en día la mayoría de las empresas tienen acceso a Internet muy rápido en sus oficinas. Incluso en casa, la mayoría de las personas están conectadas a servicios de Internet confiables. Puede compartir gigabytes de datos en muy poco tiempo. En lugar de copiar el archivo, cárguelo en un recurso de almacenamiento en la nube y comparta el vínculo para que el usuario acceda a él en su propio momento. Esto no sólo le ahorra la espera de que el archivo se descargue, sino que también le ahorra espacio.

Protección DDoS

Los ataques DDoS suelen ser ataques dirigidos. Los piratas informáticos programan una red de ordenadores para dirigir el exceso de tráfico a su sitio web o negocio. Esta inundación sobrecarga los recursos de red, lo que impide que los usuarios accedan a sus servicios. Es posible que también tenga que bajar la red mientras intenta resolver el problema. En estos días, hay varios mecanismos de prevención que puede usar para proteger su negocio de los ataques DDoS.

Protección de la capa de puerta de enlace

Uno de los elementos más débiles de cualquier red es el punto de acceso al que su negocio está conectado a Internet. Esta es la capa de puerta de enlace. La mayoría de los ataques se perpetúan a través de la capa de puerta de enlace. Muchos de ellos pasan sin ser detectados, y sólo te das cuenta cuando tu sistema es secuestrado. Actualice el aparato de seguridad y asegúrese de que tiene programas antivirus que pueden filtrar el contenido web y proteger la capa de puerta de enlace.

Dispositivos personales

Anime a los empleados a evitar llevar sus dispositivos personales al trabajo. Es posible que los dispositivos personales no tengan la misma protección de seguridad que los dispositivos de trabajo oficiales. Déjalos en casa y, al mismo tiempo, no inicies sesión en las cuentas de la empresa en tus dispositivos personales. Dependiendo de la naturaleza de su negocio, es aconsejable emitir dispositivos específicos a sus empleados que sólo pueden utilizar en el trabajo.

Protección adicional para operaciones críticas

Todos los aspectos de su negocio no tienen el mismo peso. Algunos son más importantes que otros. La mayoría de las infracciones de seguridad se dirigen a información crítica sobre su negocio. Estos son los fragmentos de información sobre los que se construye la base de su negocio. Es aconsejable proporcionar un mayor nivel de seguridad para este tipo de datos. Sea cual sea la seguridad que utilice para todos los demás aspectos de su negocio, debe llevarla un poco más alto para los elementos críticos. Cifre sus comunicaciones y transferencias de datos relacionadas con estas operaciones.

Estado de la dirección comercial

¿Recuerdas cómo el presidente da el discurso sobre el estado de la nación, actualizando las audiencias sobre el estado actual en el que se encuentra el país? Deberías hacer lo mismo por tu negocio. Es posible que no necesite hablar con una audiencia del tamaño del presidente, pero asegúrese de informar a las partes pertinentes del estado del negocio. ¿Cómo se hace esto?

En primer lugar, debe asegurarse de que tiene protocolos y procedimientos en su lugar que guiarán sus operaciones y se asegurarán de que todos los empleados estén al tanto. Revise sus operaciones, posibles amenazas y mejore su protección. Asegúrese de que los empleados estén al tanto de cualquier método de detección de intrusiones en su lugar para que tengan confianza en la naturaleza robusta de su empleador. Cuando los empleados son plenamente conscientes de lo seguro que es el sistema, a menudo se sorprenderán cuando notan algo sospechoso, reportándolo inmediatamente. De esta manera, todos en el sistema están vigilantes.

Lleve a cabo un simulacro de tiempo a vez para evaluar cuán resistente es su protección. Estos ejercicios también le ayudarán a entender cómo sus empleados responden a las situaciones de crisis, y puede usarlo como una necesidad para una mayor capacitación. Desea que toda la fuerza de trabajo esté lista y sea capaz de contener una brecha en el improbable caso de que sea atacado. Sin esto, podrían empeorar la situación.

Endpoint Protection

Uno de los mayores desafíos con los que la mayoría de las empresas luchan es proteger los puntos de acceso a los endpoints, en este caso portátiles y PC. Estos dispositivos son vulnerables a los ataques, porque los empleados no tienen cuidado con su seguridad personal. La mayoría de los empleados toman medidas de seguridad por sentado. Anime a todos los empleados a proteger sus dispositivos y mantenerlos actualizados.

Haga de la ciberseguridad la prerrogativa de todos los

No puede proteger la empresa por su cuenta. Asegurar la fortaleza debería ser un trabajo de todos. Trabajar con las partes pertinentes para establecer medidas holísticas en materia de ciberresiliencia. Asegúrese de que todos sean conscientes de su papel en la protección de la empresa y su responsabilidad en lugar de sus roles.

Una de las formas más fáciles de hacer esto es pasando una política que indique que todo el mundo debe crear una contraseña segura, con ejemplos de contraseñas seguras. Aparte de eso, insista en que las contraseñas deben cambiarse con frecuencia. Evalúe a sus empleados, procedimientos y procesos con frecuencia para asegurarse de que sus protocolos de seguridad estén actualizados y actualizados a la luz de los riesgos pertinentes a los que está expuesto.

Capítulo 7

Reglamento General de Protección de Datos (RGPD)

¿De qué se trata el Reglamento General de Protección de Datos (RGPD)? En 2012, al darse cuenta de la laxitud de la UE en la preparación para la era digital, la Comisión Europea decidió adoptar una postura que permitiera a la región prepararse para la era de Internet. Más de cuatro años después, llegaron a un acuerdo sobre el RGPD y cómo se aplicaría.

El RGPD es un marco cuyas directrices afectan a todos los Estados miembros de la UE, incluidas las organizaciones, los individuos y las empresas, no sólo en Europa, sino más allá. No hay mucha confianza en moverse por Internet. Sin embargo, esto no significa que deba ser ignorado y convertirse en una nueva normalidad. A través del RGPD, la UE se da cuenta de que el futuro de la economía digital sólo puede estructurarse sobre una base de confianza. Los estándares de protección de datos recomendados en el RGPD son comunes y se comparten entre diferentes países.

El RGPD trata además de garantizar que los consumidores estén empoderados y se den cuenta de que ejercen mucho poder en términos de cómo se puede acceder a su información y a quién se puede compartir. El poder de los consumidores en el acceso y la protección de datos ha estado ausente durante muchos años, con mucha gente sintiendo que son esclavos de cualquier regla que se aplique. A través del RGPD, sin embargo, todo esto cambia.

Las reglas y regulaciones descritas en el RGPD permiten a los consumidores más poder y control sobre sus datos, incluso en manos de las organizaciones. El cumplimiento del RGPD está destinado a garantizar una igualdad de condiciones en términos de acceso a los datos, tanto para las empresas como para los consumidores, especialmente en la economía digital.

Impacto del RGPD en los gobiernos

Las empresas de todo el mundo están más preocupadas por los datos de sus clientes hoy que antes del 25 de mayo de 2018, fecha en la que entró en vigor el RGPD. Sin embargo, es fácil reducir el impacto que esta regulación tiene en las empresas y pasar por alto una entidad importante: el gobierno. Los gobiernos tampoco se salvan cuando se trata de la privacidad de los consumidores.

GDPR es una idea brillante, no sólo para las empresas y los clientes, sino también para la economía y la seguridad nacional. A largo plazo, la economía mundial será mejor con el RGPD plenamente implementado. Es comprensible en este momento que algunas empresas estén inquietas con las políticas y la implementación, pero eso pasará.

Acerca de la seguridad, en la cara de ella, GDPR puede parecer algo malo para los negocios. Las empresas cuyos negocios se ejecutan en línea y que no tienen los sistemas necesarios para cumplir con los requisitos del RGPD tendrán que reconstruir sus sistemas de negocio desde cero. Para mantener el cumplimiento, también deben asegurarse de adaptar su modelo de negocio en general.

Cuando lo miras desde esta perspectiva, casi suena punitivo. Aquellos que no puedan cumplir se verán obligados a enviar o incurrir en el costoso costo de establecer un nuevo proceso de negocio. Sin embargo, hay fuertes incentivos a la seguridad en este reglamento para invertir en seguridad. Las empresas que son proactivas podrán aprovecharse y ponerse en una posición privilegiada para estar al frente de la revolución de cumplimiento de Internet que ocurrirá en los próximos años.

Antes del RGPD, había muy pocos incentivos para que las empresas consideraran la protección de los datos de los consumidores. Los hacks aparecerían como el incentivo para que las empresas inviertan en la protección de sus negocios para restaurar la confianza que sus clientes y otras partes interesadas tienen en su negocio. Lo que esto significa es que, sin una violación, la mayoría de las empresas seguirían operando ciegamente. También era relativamente imposible determinar el costo real de un hack ecuestre hasta que sucedió. En las reuniones de la sala de juntas, las partes interesadas probablemente flotarían cifras especulativas que podrían gastar en seguridad, sin la certeza de que ofrecería rendimientos creíbles.

Reducir esto a los gobiernos y al sector público. Estas sumas especulativas se obtienen de impuestos. Es repugnante tirar las cifras por una causa especulativa sin tener un sólido respaldo en cuanto a por qué el sector público debe gastar tanto dinero en un sistema determinado.

Para el sector público, las disposiciones importantes del RGPD que deben abordarse para el cumplimiento se describen a continuación.

Consentimiento para la transferencia internacional de datos

El sector público a menudo tiene dificultades con el consentimiento, especialmente cuando los datos están involucrados. El RGPD permite a las entidades transferir datos. Sin embargo, la transferencia de datos debe estar sujeta y limitada a áreas temáticas específicas.

La idea aquí es mitigar la disparidad relacional entre los ciudadanos y los gobiernos. Los gobiernos a menudo exigen que los ciudadanos ofrezcan su información libremente. Después de todo, todos los ciudadanos y sus medios de vida son propiedad del estado. En el caso de un instrumento jurídicamente vinculante que sea exigible por ley entre diferentes entidades gubernamentales, el RGPD permite un privilegio especial para que las entidades compartan datos con otros países en ausencia de las salvaguardias normales; esto tendría que ser en circunstancias terribles.

Solicitar información sobre el estado de cumplimiento

Al reunirse con proveedores externos o proveedores potenciales, es aconsejable que se entere de su cumplimiento del RGPD. Los organismos gubernamentales están dentro de su mandato de exigir saber cómo estas entidades administran los datos en sus operaciones. Los controladores de datos y procesadores son personas importantes a las que lidiar al hacer negocios con empresas externas. El rol del controlador de datos es generar y poseer datos. El responsable del tratamiento, por lo tanto, debe ofrecer pasos claros sobre cómo proteger los datos en su poder. Los procesadores de datos, por otro lado, son solo personas que utilizan los datos que proporcionan el controlador de datos. Por lo tanto, a partir de este entendimiento, GDPR alienta a las agencias gubernamentales a tratar de vet sus proveedores mucho antes de comprometerse a hacer negocios con ellos.

Interés legítimo para el procesamiento de datos personales

Se impide a las autoridades reclamar intereses legítimos como defensa legal por su decisión de procesar sus datos personales. Por lo tanto, las autoridades deben a partir de ahora buscar razones jurídicas alternativas, especialmente si han estado confiando en el interés legítimo durante todo el tiempo.

Deben volver al tablero de dibujo y examinar sus actividades de procesamiento para determinar si pueden procesar datos personales bajo un condición diferente. En caso de que esto no sea posible, se les impide el tratamiento de datos personales.

Crear la posición de un responsable de protección de datos

Las oficinas y organismos gubernamentales tienen ahora el mandato de crear la posición de un oficial de protección de datos. Siempre y cuando estas agencias u oficinas procesen algunos datos personales, deben nombrar a un oficial de protección de datos. En el sector privado, las condiciones son diferentes. El responsable de la protección de datos sólo es necesario si se cumplen criterios específicos en el sector privado.

El RGPD, sin embargo, permite a las agencias compartir un oficial de protección de datos entre departamentos y organizaciones, pero solo si el intercambio de recursos es creíble a la luz del tamaño y la estructura de las entidades en cuestión. También se debe consultar a las autoridades locales y al legislador para determinar si es necesario disponer de requisitos adicionales, como que el oficial de protección de datos esté inscrito en el registro del gobierno local.

El RGPD se alaba por el aporte y el interés en proteger los datos personales dentro del sector público. Los cambios en los datos personales están restringidos, lo que supone transparencia en el tratamiento de datos. Dado que el RGPD se implementó para la UE y será adoptado por otras regiones en diferentes escalas, también es importante tener en cuenta que no todos los protocolos, procedimientos y recomendaciones se aplicarán a todos los gobiernos. La interpretación es clave, especialmente sobre las excepciones a las reglas generales. Las consultas son obligatorias con las autoridades locales y los asesores legales para asegurarse de que la implementación de los requisitos del RGPD esté en línea con las leyes locales.

Impacto del RGPD en la investigación

La comunidad de investigación tampoco se salvó del efecto del RGPD. La legislación exige la transparencia y la rendición de cuentas en la investigación, especialmente por parte de personas que manejan datos personales. En la investigación, gdpR proporciona directrices para apoyar el archivo y la investigación, en el proceso inculcando confianza y confianza entre el público y otros participantes en la investigación. En cuanto a la investigación, gdpR tiene los requisitos descritos a continuación.

Importancia del consentimiento

El RGPD reconoce la necesidad de consentimiento antes de que las personas participen en la investigación. El consentimiento da a la investigación una perspectiva ética. Los participantes son libres de retirar el consentimiento y su participación del estudio si creen que algo no está bien. También tienen control sobre la forma en que sus datos se aplicarán a lo largo del ejercicio de investigación. El consentimiento consiste básicamente en construir y mantener la confianza pública.

Interés público

Según el RGPD, toda la investigación debe ser una cuestión de interés público. Todas las organizaciones de investigación deben obtener, proteger y utilizar los datos recopilados de manera prudente, ya sea que los estudios se realicen en sus centros de investigación o incluso en instituciones de aprendizaje. Todo lo relacionado con la investigación es una cuestión de interés público.

Almacenamiento de datos

Todos los datos que se obtienen durante la investigación son críticos y valiosos. Por esta razón, debe almacenarse para futuras referencias y usos. El RGPD reconoce lo importante que es la investigación científica para entender algunos de los problemas a los que se enfrenta la sociedad hoy en día y que estos datos pueden ser útiles para resolver problemas en el futuro. Por lo tanto, los datos no deben destruirse una vez finalizado el estudio. Se almacenará indefinidamente. Independientemente de la razón inicial o el propósito de la investigación, algunos conjuntos de datos se pueden utilizar para diferentes estudios de investigación.

Cumplir con los Principios de Buenas Prácticas

Cualquier investigación realizada bajo las directrices del RGPD debe cumplir con estándares específicos de buenas prácticas y proteger los intereses de todos los participantes. Los sistemas de investigación deben ser asegurados y cifrados de tal manera que no pueden caer en las manos equivocadas, e incluso si lo hacen, se vuelven inútiles para los piratas informáticos.

Impacto del RGPD en las instituciones de aprendizaje

El RGPD reemplazó a la Ley de Protección de Datos (DPA), cambiando la forma en que las instituciones de aprendizaje manejan y administran la información y los datos dentro de sus instalaciones. En virtud del DPA, las instituciones de aprendizaje tienen la tarea de garantizar que estos datos estén protegidos y protegidos todo el tiempo. El RGPD, sin embargo, añade más responsabilidades a las instituciones. Deben asegurarse de que la información, independientemente de la forma en que esté disponible, se gestione en consecuencia y cumpla con la nueva normativa. Las instituciones que no cumplan con la nueva normativa corren el riesgo de multas de hasta 500.000 euros.

Entonces, ¿cómo afecta el RGPD a las escuelas? Puede haber varias similitudes entre el DPA y el RGPD. Sin embargo, la mayoría de los cambios que las instituciones pueden esperar se relacionan con el manejo de datos. Las siguientes son algunas de las cosas que las instituciones tendrán que estar en la búsqueda.

Procesadores de datos

Ahora es un delito trabajar con un procesador de datos o un socio de reciclaje de TI que no cumpla con los estándares requeridos. Los procesadores de datos deben estar acreditados bajo la norma ISO 27001 y otras normas pertinentes de cumplimiento de la eliminación de activos. La institución también debe asegurarse de que llevan a cabo comprobaciones y emplear sólo a empresas acreditadas para deshacerse de sus dispositivos y activos de TI al final de su vida útil.

Contratos

En virtud del DPA, las instituciones de aprendizaje no necesitan necesariamente un contrato con sus procesadores de datos. Sin embargo, el RGPD otorga un nuevo requisito de que todos los procesadores de datos deben tener un contrato con la escuela. Es ilegal operar como procesador de datos sin un acuerdo de nivel de servicio o un contrato con la escuela.

Sanciones

Las sanciones por incumplimiento podrían hacer que las escuelas paguen multas de hasta 500.000 euros si no cumplen con los requisitos del RGPD. El responsable del tratamiento de datos podría ser responsable de sanciones cercanas a los 20 millones de euros, junto con cualquier otra persona que pudiera haberles ayudado a operar dentro de la escuela sin la documentación adecuada. En pocas palabras, debe sseguir las reglas.

Para evitar estas multas y el riesgo de incumplimiento, todos los que participan en el entorno de aprendizaje deben volver al tablero de dibujo. En caso de que ya cumpla con las regulaciones de DPA, es posible que esté a mitad de camino. La mayoría de los requisitos siguen siendo los mismos. Sin embargo, debe asegurarse de que cumple con el RGPD.

Las cosas serán relativamente más fáciles, dado que la mayoría de los principios no han cambiado. Con la debida diligencia debe tomar precauciones para asegurarse de que tiene todo en control. Todos los responsables clave de la toma de decisiones en la escuela deben asegurarse de que todos los que importan estén al tanto del cambio de DPA a GDPR. También deben ser conscientes de las razones del cambio y de las ramificaciones de estos cambios. La nueva legislación sin duda afectará a las escuelas, por lo que todos los jugadores deben ser conscientes de lo que significa para ellos.

La forma en que se comunica la información privada y de privacidad también cambiará. Las escuelas deben revisar sus procedimientos y tener un plan para asegurarse de que abordan todos los cambios en el tiempo cuando el RGPD entre en vigor. Las sanciones por incumplimiento son innecesarias y evitables, especialmente para los procedimientos que son básicamente una actualización de DPA.

Las escuelas también deben llevar a cabo auditorías de información para comprender los datos que tienen, aprender acerca de sus estudiantes y personal, y comprender cómo se utilizan estos datos. También deben tener claras de dónde obtienen los datos y cómo utilizan los datos a su cargo.

Las escuelas deben volver a la mesa de dibujo y abordar los procedimientos establecidos para la gestión de los datos de las personas. Toda persona tiene derecho a un acceso específico a los datos. Las instituciones deben indicar claramente cómo manejan los datos, incluida la eliminación de datos de partes cuya información ya no es relevante para la institución. En la misma nota, el consentimiento debe tener prioridad. Las instituciones necesitan una revisión sobre cómo obtienen los datos, a quién piden datos y si consienten las solicitudes o no. También deben obtener el consentimiento de las partes pertinentes antes de realizar cualquier cambio en los datos.

Las escuelas deben tener un oficial de protección de datos, y se espera un requisito similar de las agencias gubernamentales. La función de un responsable de protección de datos es manejar el cumplimiento de la protección de datos y asegurarse de que supervisan todas las actividades que implican el cumplimiento en la institución. El responsable de la protección de datos también actuará como el consultor principal y la persona de referencia para cualquier problema relacionado con el acceso y la protección de datos.

Debe haber procedimientos establecidos para tratar y gestionar las violaciones de datos en consecuencia. Las violaciones de datos deben notificarse como y cuando ocurren. La institución también debe investigar la infracción y presentar un informe creíble sobre la infracción y las medidas que están tomando para prevenir una situación similar en el futuro.

Impacto del RGPD en los consumidores

Demasiadas violaciones de datos se experimentaron en el pasado reciente. Los sistemas fueron hackeados y los datos de los consumidores se vieron comprometidos. La mayoría de las empresas cuyos sistemas estaban comprometidos no tenían un plan en su lugar que aborde los riesgos de tales hacks para sus clientes. En cambio, la mayoría de ellos solo se centraron en cómo podían poner en marcha sus negocios y cómo reducir el posible costo de los litigios.

En el pasado, se ha expuesto mucha información sobre los consumidores en Internet. A la luz de esto, el RGPD propuso algunos cambios que permitirían a los consumidores el derecho a entender cómo las empresas utilizan sus datos. Las empresas deben informar a los consumidores cuando sus datos son hackeados y lo que la empresa está haciendo para resolver la situación.

A raíz de un ataque, las empresas deben informar a las autoridades pertinentes dentro de su mandato para que los clientes afectados puedan tomar medidas personales para garantizar que sus datos no se utilicen indebidamente. De esta manera, mientras que la empresa está lidiando con el problema desde su final, el cliente también puede hacer un seguimiento para asegurarse de que están a salvo.

Uno de los cambios importantes que provoca el RGPD es permitir a los clientes un fácil acceso a los datos personales que antes. Los clientes ejercen más poder sobre sus datos hoy en día. Pueden exigir que se les informe sobre cómo se utilizan sus datos, cómo se procesan y, lo que es más importante, pueden solicitar detalles de cómo se implementa la información de una manera que puedan entender.

Muchas empresas ya han tomado medidas para asegurarse de que cumplen con estos requisitos. Se aprecian procedimientos y acciones tan básicas como enviar correos electrónicos o mensajes de texto a los clientes sobre cómo se utilizarán sus datos. En estos mensajes, la empresa también incluye una opción de exclusión voluntaria para que si el cliente no desea que se utilicen sus datos, pueda revocar el consentimiento y dejar de formar parte de cualquier programa que la empresa esté ejecutando que necesite sus datos.

En la industria minorista, las empresas están llegando a los clientes para solicitar su aprobación para ser incluidas en las bases de datos de tiendas minoristas. Lo que es atractivo acerca de estas decisiones es que las empresas se dan cuenta de la importancia de abordar y buscar el consentimiento de sus clientes. Sin esto, se arriesgan a fuertes multas.

Atrás quedaron los días en que los clientes eran bombardeados con correos electrónicos de empresas, algunos de los cuales apenas pueden reconocer. En esos días, encontrará sus datos personales en una lista de correo que seguiría enviándole correos electrónicos no solicitados. Hoy en día, gracias al RGPD, solo puedes aparecer en estas listas si das su consentimiento expreso a la empresa. También debe darse cuenta de que el consentimiento puede ser retirado tan fácilmente como se le dio.

Las empresas deben mantenerse vigilantes y asegurarse de que operan sin infringir los derechos de los consumidores a la protección de datos y la transparencia. Mientras que muchas empresas ya están enviando correspondencia a los clientes, existe el riesgo de que los hackers podrían tomar ventaja de esto e iniciar hacks de phishing, robando información vital del cliente en el proceso. Esta es una preocupación más grande, especialmente si se tiene en cuenta el hecho de que los clientes ahora están recibiendo muchos más correos electrónicos de las empresas de lo que solían hacerlo. A medida que las empresas se apresuran a cumplir con estos requisitos, es importante mencionar la necesidad de que los clientes permanezcan vigilantes, para que no sean víctimas de usuarios sin escrúpulos.

Impacto del RGPD en las empresas

Dado que el RGPD ya está en vigor, ¿cómo puede asegurarse de que su negocio esté preparado para lo que está por venir? En su mayor parte, algunas empresas necesitarán una revisión completa si quieren seguir siendo competitivas en el mercado. Aparte de las amenazas y multas por incumplimiento, GDPR en realidad tiene algunas golosinas en la tienda para los propietarios de negocios. Ofrece varias vías donde las empresas pueden aprovechar y nivelar el campo de juego, y para algunos, incluso escalar el alcance de sus operaciones.

Seguridad cibernética mejorada

Las preocupaciones de seguridad cibernética han sido un problema espinoso para las empresas durante mucho tiempo. Dada la sofisticación de los ataques y la necesidad de redes y sistemas resistentes, las empresas están mirando la perspectiva de repensar sus estrategias con respecto a la seguridad cibernética. A través de las recomendaciones del RGPD, los datos críticos solo serán manejados por unas pocas personas en la organización. En la misma nota, las empresas tienen el mandato de revelar cualquier violación de datos personales a las autoridades pertinentes dentro de las 72 horas desde el momento en que se dieron cuenta de que fueron hackeados.

Para las empresas, estos cambios pueden parecer demasiado intensos en este momento, pero les ayudarán a reducir el riesgo de ataques en el futuro, proporcionando así una plataforma para mejorar la seguridad de los datos y establecer una cultura de cumplimiento.

Gestión de datos

Las empresas también deben revisar la forma en que administran los datos en sus operaciones. Las auditorías de datos les ayudarán a comprender su posición actual con respecto al acceso y la administración de datos, a la luz del entorno de amenazas actual.

Para las empresas, crear la posición de un oficial de protección de datos podría ser útil, ya que se les encargará supervisar cualquier cosa que tenga que ver con los datos de la organización. Sin embargo, no tienen el mandato de crear esta posición, a diferencia de las escuelas y las agencias gubernamentales.

Mejorar el retorno de la inversión

Una vez que las empresas pueden optimizar sus bases de datos operativas, es más fácil comunicar sus necesidades a los clientes y a las partes interesadas para que entiendan por qué la empresa está gastando tanto dinero en dispositivos y sistemas de seguridad. A partir de aquí, también pueden crear estrategias de marketing que ayudarán a los accionistas a entender la necesidad de dicho gasto y explicar los rendimientos prospectivos en el futuro previsible. Esto aborda el problema que ha sido persistente en el mundo de los negocios durante mucho tiempo: cómo justificar el gasto neto en mejorar la seguridad.

La implementación del RGPD definitivamente vendrá con algunos desafíos al principio, pero a largo plazo, las perspectivas son buenas para el futuro y para las empresas que planean seguir siendo competitivas en un mundo cuyos avances tecnológicos están evolucionando a un ritmo rápido. Se espera que el RGPD traiga una gran cantidad de oportunidades para individuos, organizaciones y empresas y para fomentar un elemento de transparencia dentro del entorno empresarial.

Capítulo 8

Abrazar el futuro de la ciberseguridad

Si pudieras predecir el futuro, ¿querrías vivir en él? Muchas personas se sorprenden, si no son de bambú, por el estado actual del entorno digital. El cambio es inevitable. Debemos abrazarlo. Si ves algunos de los increíbles inventos que se han creado en los últimos años, casi puedes mirar hacia el futuro con gran anticipación y emoción. Sin embargo, sería una locura imaginar que todo será dicha.

Así como miramos al futuro, también lo hacen los hackers y otros terroristas cibernéticos. Todo el mundo está entusiasmado con las nuevas tecnologías. Como explicamos en los fundamentos de la seguridad cibernética, toda la tecnología es de doble uso. Se puede utilizar para tanto daño como se puede utilizar para buenas semillas. Lo que importa es en quién caen la tecnología, los recursos que tienen a su disposición y sus intenciones.

La cantidad de servicios en la nube, sistemas de TI y dispositivos conectados sigue aumentando, lo cual es algo bueno, cuanto más conectado está una red, más valor posee. Todos estos sistemas procesan volúmenes inimaginables de datos, comúnmente conocidos como "Big Data". Debemos hacer todo lo posible para proteger esta información, para que no caiga en las manos equivocadas. Para un mundo que depende en gran medida del análisis de datos, otorgar los datos correctos a una entidad poderosa con los recursos adecuados y, a veces, el respaldo gubernamental puede conducir a resultados desastrosos.

Sin embargo, no todos los datos disponibles son demasiado sensibles. Con este argumento, probablemente esté mirando la seguridad de los datos desde el punto de su confidencialidad. Si bien esto podría ser cierto, la verdad es que nunca se puede estar demasiado seguro de lo que alguien hace con sus datos. Lo que sientes que no es confidencial podría ser una mina de oro para otra persona. Es posible que sienta que los datos no valen nada, pero otra persona puede usarlos para rastrear su ubicación. Esa es información vital.

Evaluación futura de amenazas cibernéticas

Hay demasiados datos en línea que pueden ser explotados, digitalizados e incluso armados. Desde individuos hasta organizaciones, muchas personas pueden ganar una gran cantidad explotando las vulnerabilidades en sus redes y dispositivos. Dada la velocidad a la que la tecnología está avanzando, las amenazas futuras percibidas relacionadas con la seguridad cibernética podrían caer en cualquiera de las categorías que se indican a continuación.

Espionaje - Vender información privilegiada a un enemigo no se limita sólo a las escupitajos entre países; hoy en día, las empresas se encuentran en un lugar muy estrecho, especialmente dadas las longitudes a las que los competidores están dispuestos a ir para obtener una ventaja en el mercado. Parte de la información que se intercambia incluye contraseñas, cuentas, registros hospitalarios y detalles de tarjetas de crédito.

Aparte de eso, el espionaje también se puede utilizar para acceder a información privilegiada. En el escenario anterior, el objetivo es conseguir algo de dinero. El hacker obtiene información y la vende. Sin embargo, en este caso, el hacker está buscando información específica. El resultado final podría ser mayor que el beneficio financiero inmediato de tener esa información.

Secuestro - Secuestro en la esfera digital funciona de la misma manera que el secuestro tradicional funciona. Los piratas informáticos interceptan la información que consideran importante, cifrarlo, y exigir un rescate de los propietarios o destinatarios para descifrarlo para ellos. Las organizaciones y las empresas que manejan información crítica, como los hospitales, son algunas de las víctimas más comunes de estos hacks.

Phishing - El phishing es casi el truco más antiguo del libro. Hoy en día, sin embargo, los hackers que utilizan este método tienen que hacer un esfuerzo adicional para vender su agenda. Los correos electrónicos de phishing están camuflados para hacerte creer que estás respondiendo a un correo electrónico oficial. Sin embargo, la estafa es atraparlo para que proporcione información importante sobre usted. Spear phishing es un ataque de phishing dirigido que está dirigido a personas específicas, y su rendimiento proyectado es muy alto para los piratas informáticos.

Intrusión - La intrusión se puede realizar por muchas razones. Alguien que tiene acceso injustificado a su sistema podría hacer una variedad de cosas en la red. Las intrusiones se pueden orientar hacia daños específicos y dirigidos o daños generales. Los piratas informáticos también pueden entrar en el sistema y alterar la información, en el proceso de hacer que todos los demás operan en la desinformación.

DDoS - Los ataques DDoS son muy comunes en estos días. En un ataque de este tipo, una amplia red de ordenadores está programada para sobrecargar un servicio o sitio web específico con tráfico de tal manera que nadie más pueda acceder a él. Los ataques DDoS están destinados principalmente a paralizar un sitio web, un servicio o un individuo específico.

Consecuencias para el usuario promedio

El mundo no sólo se hizo digital; también se volvió móvil. Hay una lista increíble de cosas que puede hacer con los datos a su disposición. La facilidad con la que puede sconducir negocios utilizando su teléfono es increíble. Sin embargo, esto también requiere una mayor precaución. Si alguien obtiene acceso y controla tus dispositivos móviles, casi puede controlar toda tu vida.

Piense en todo lo que tendrán acceso, desde sus cuentas de redes sociales, su lista de contactos, sus mensajes, fotos, videos y cualquier otra información que pueda tener en el dispositivo. Por lo tanto, usted debe asumir la responsabilidad de sus acciones y tratar de proteger sus dispositivos al máximo de sus habilidades.

La mayoría de las empresas tienen información que ya no solo está restringida o accesible para los administradores de sistemas, sino también por una red interconectada, lo que significa que la mayoría de las personas de la organización tienen acceso a esa información. Las empresas están gastando mucho para salvaguardar su información. Sin embargo, como empleado, también debe hacer todo lo posible para asegurarse de proteger la información bajo su cuidado.

La ingeniería social es uno de los métodos que los hackers utilizan para acceder a los sistemas. Las víctimas no son conscientes de que están siendo atacadas. Los hackers se toman el tiempo para estudiar a sus víctimas y entender las cosas que hacen, cómo van con sus vidas, las cosas que les gustan, y así sucesivamente. Los hacks de ingeniería social exigen mucha paciencia para que el hacker cultive un enfoque que su víctima nunca sospechará. En el momento en que usted es hackeado o utilizado para entrar en un sistema privilegiado, apenas se dará cuenta de su papel en el hack. Si lo hace, podría ser demasiado tarde, ya que el hacker ya habrá desaparecido, limpiando todos los rastros de su existencia de su vida.

Proteger el Internet de las cosas

Los expertos en la industria son actualmente muy conscientes de los métodos que pueden utilizar para proteger dispositivos convencionales como computadoras, teléfonos inteligentes y otros dispositivos móviles. Sin embargo, ya que nos estamos aventurando en aguas inciertas con el internet de las cosas, ¿está todo el mundo preparado para los riesgos que presentan? Piense en dispositivos domóticos, termostatos, refrigeradores, coches autónomos y todos los demás dispositivos increíbles que están dando forma a la perspectiva del futuro.

La seguridad es obligatoria para proteger estos dispositivos. Hackear cualquiera de estos dispositivos definitivamente tendrá ramificaciones extremas, no sólo para el usuario que fue hackeado, sino también para las empresas que construyen o mantienen los dispositivos. Los controles efectivos deben integrarse en estos productos y también deben pasarse por rigurosas pruebas de seguridad para garantizar que estén listos y seguros para su implementación a gran escala.

Big Data

Cada día se unen más y más dispositivos a Internet. Cada vez que compra un dispositivo nuevo, intenta conectarlo a otros dispositivos o sistemas de su propiedad, para que pueda disfrutar de una experiencia perfecta siempre que lo necesite. Más dispositivos en las redes significa más datos, ya sean estructurados o no.

La adopción móvil ha sido el latido del crecimiento de las redes sociales a lo largo de los años. Con el tiempo, terceros se dieron cuenta de que pueden aprovechar sus servicios en las redes sociales. Se dieron cuenta de que la gente quiere jugar, salir, aprender y hacer mucho más en las redes sociales. También se dieron cuenta del potencial demente que se encuentra en ella, con todos los datos que las redes sociales ya recopilan sobre sus usuarios.

Actualmente, los científicos de datos trabajan en estrecha colaboración con los equipos de desarrollo de proyectos para ayudarles a comprender a qué datos están accediendo y qué pueden hacer con ellos para influir en el comportamiento del usuario al interactuar con sus aplicaciones en línea. Uno de los escollos de esta tendencia es que, mientras que las empresas dicen que recopilan sus datos para entenderle mejor y ayudarles a construir productos y aplicaciones que pueden servirle mejor, lo que realmente hacen es utilizar los datos para manipularlo para hacer lo que sea que Por favor. El juego final para la mayoría de estas empresas es el balance. ¿Cuánto dinero ganan al manipularte para hacer algo? ¿Y si esas empresas son hackeadas?

Si pudieran manipularte para tomar decisiones, imagina lo que un hacker podría hacer con esa información. La manipulación no es sólo una cuestión de hacer clic en algunos enlaces en línea o deslizar hacia la izquierda y la derecha en su teléfono. La manipulación es una ciencia. Incluso el cerebro, independiente del ciberespacio, presenta datos importantes que los investigadores pueden analizar y utilizar para entender el comportamiento humano.

Algunos delincuentes cibernéticos son parte de una red elaborada que incluye científicos de datos e investigadores, y a veces operan con el respaldo de un gobierno extranjero o local. Esto es demasiado poder para ejercer por una entidad turvaina.

Big data no se trata sólo de presentar desafíos en forma de delincuentes cibernéticos. También es un medio a través del cual los expertos en seguridad pueden proteger el ciberespacio. Se necesita mucha planificación para ejecutar un ciberataque sin dejar rastros. La mayor parte de esto sólo es posible en las películas. Sin embargo, en el mundo real, todavía es posible hacerlo, pero la planificación debe ser muy íntima. Los expertos pueden utilizar patrones de datos para comprender mejor sus sistemas y redes, y en el proceso, ayudarles a predecir ataques antes de que se ejecuten.

Lo triste es que los expertos podrían tomar días para peinar a través de datos no estructurados, durante los cuales el hack podría haber sido ejecutado ya. Para mitigar este desafío, la seguridad cognitiva es una característica que avanzará hacia el futuro. Actualmente, los expertos utilizan el aprendizaje automático para procesar datos de manera eficiente. Esto también les da una representación precisa de los datos y la posición de seguridad actual.

Regulaciones estrictas

2018 fue un año significativo en seguridad cibernética. El número de violaciones de datos que se notificaron fue récord. Este fue también el año en que se implementó el RGPD. Hubo muchos puntos de aprendizaje de los eventos que ocurrieron en 2018.

Las empresas, por ejemplo, conocían y tenían más de dos años para prepararse para el RGPD. Sin embargo, algunos lo tomaron a la ligera, y cuando se aprobó la resolución, se enfrentaron a consecuencias terribles apenas un año después. Aproximadamente un mes después de que se aprobaran las resoluciones del RGPD, se reportaron miles de quejas, un aumento de más del 150 por ciento en comparación con un período similar en el año anterior.

Se plantearon problemas sobre el RGPD antes y después de su aplicación. Muchos se preguntaban si las empresas podían ser realmente responsables de las infracciones. Según el reglamento, las empresas que son declaradas culpables están sujetas a multas de más de 16 millones de euros, o el 4 por ciento de su volumen de negocios en todo el mundo. Empresas como Uber han aprendido de la manera difícil que el RGPD es un asunto serio.

Las empresas deben ser responsables de administrar y proteger los datos de los consumidores que reciben. Deben manejarlo con cuidado, o se enfrentarán a fuertes multas. Empresas como Facebook y WhatsApp también se han encontrado en agua caliente con el RGPD. La protección de datos y la responsabilidad ya no son un asunto de risa.

En el sentido más amplio, GDPR está devolviendo poder al usuario final, pero al mismo tiempo responsafiando a las empresas responsables de cualquier información que soliciten o recuperen de sus usuarios. Deben proteger estos datos o hacer frente a las consecuencias. Lamentablemente, la mayoría de las empresas sólo están haciendo lo mínimo para proteger la información que tienen.

Las empresas deben cifrar todos los datos y gestionar de forma eficiente las claves y los servicios de control de acceso. Los datos cifrados son en gran medida inútiles para cualquier persona que lo tiene a menos que tengan protocolos de descifrado.

Computación cuántica

Crypto-agilidad ha sido burlado como el futuro de la seguridad cibernética. Crypto-agilidad es una discusión que se encontrará a menudo como las masas lo abrazan. La amenaza de presentar protocolos de seguridad se hace mayor con el aumento de la potencia informática.

A través de la agilidad criptográfica, las empresas pueden utilizar algoritmos que son flexibles de modo que pueden cambiarlos sin tener que interferir necesariamente con la infraestructura del sistema, especialmente si el cifrado original falla. Lo que esto significa es que las empresas tienen el poder de proteger sus intereses de amenazas que aún no se han hecho realidad, como los criminales que han aprovechado el poder de la computación cuántica antes de su tiempo. Como tal, ya no tiene que rehacer todo el sistema de seguridad cada año en respuesta al aumento de la potencia informática.

Inteligencia Artificial

El uso de la inteligencia artificial (IA) es bastante limitado en este momento. Sin embargo, con el aumento de la potencia informática, las posibilidades de usar iA son ilimitadas. Hay rumores de un posible ataque impulsado por IA con la capacidad de apagar una compañía FTSE 100. Si esto es cierto, los piratas informáticos podrían fácilmente romper un sistema sin ser detectado y obtener tanta información como deseen. También tendrán tiempo para estudiar los sistemas y comportamientos, adaptarse al medio ambiente y finalmente desencadenar ataques catastróficos que podrían derribar empresas.

La IA pronto podría ser implementada en chatbots para diseñar víctimas desprevenidas para hacer clic en enlaces peligrosos, a través de los cuales sus archivos personales e información son robados. Los hackers también podrían reprimir sitios web y aplicaciones que no están debidamente protegidos, insertando chatbots donde eran inexistentes.

Ransomware

Hasta 2017, no muchas personas eran conscientes de ransomware. El brote de WannaCry y varios otros ataques que apuntaron a individuos de alto patrimonio neto fue sólo el comienzo ("Corea del Norte culpó de WannaCry, ataques PoS y phishing Bitcoin", 2018; Popli & Girdhar, 2017). El FBI cree que más de $1 mil millones se ha pagado como rescate a los atacantes[27]. El ransomware todavía está en juego, aunque los ataques son relativamente sutiles. Sin embargo, los expertos creen que los atacantes podrían volver con un movimiento más audaz en los próximos años.

---

[27] Informe del FBI sobre Ransomware
https://money.cnn.com/2016/04/15/technology/ransomware-cyber-security/index.html

Este ransomware atacó cientos de miles de ordenadores en al menos 150 países. Los piratas informáticos exigen algo de dinero para descongelar las computadoras. Algunos de los objetivos clave fueron los hospitales, los gobiernos y las grandes empresas. Rusia, por ejemplo, se informó que era uno de los objetivos más afectados de acuerdo con un informe de Kaspersky Lab. Algunas de las víctimas incluyeron bancos, ferrocarriles, el segundo operador de telefonía móvil más grande de Rusia, Megafon, y el Ministerio del Interior.

En Alemania, los tableros electrónicos en diferentes estaciones que anuncian salidas y llegadas se vieron afectados. Sin embargo, los representantes alemanes no creen que sus servicios de tren se vieran afectados.

Las instituciones de aprendizaje en China también fueron víctimas. Los estudiantes tenían un rescate pop-ups en sus ordenadores portátiles, interrumpiendo las actividades de aprendizaje en la mayoría de las universidades. La mayoría de las instituciones de aprendizaje utilizan software informático pirateado o software obsoleto, y como resultado, los estudiantes que acceden a sus instalaciones están igualmente en riesgo. A los estudiantes se les pidió que pagaran $300 para tener acceso a sus dispositivos y reanudar el trabajo en sus proyectos, la mayoría de los cuales tenían plazos que estaban casi adeudados.

La ciudad occidental de Chongqing luchó para procesar los pagos con tarjeta en las estaciones de servicio porque la China National

Petroleum Corp estaba infectada. Sólo en China, más de 30.000 empresas, individuos e instituciones fueron víctimas.

CJ CGV, la cadena de cines más grande de Corea del Sur, también fue hackeada. Sus servidores de anuncios que proyectan a alrededor de 50 cines fueron hackeados. Japan Computer Emergency Team Coordination Center, Hitachi, Dharmais Cancer Hospital en Indonesia, India State Police, NHS en el Reino Unido, Telefónica en España, Renault en Francia, Nissan FedEx y hospitales en Irlanda se vieron afectados. Así es como ransomware puede paralizar el mundo. Ahora imaginen una situación en la que los hackers se dirigen a un país, paralizando a todas las industrias importantes.

Lo interesante del ataque ransomware WannaCry es que explotó una vulnerabilidad común de Windows que la NSA también explota - EternalBlue. EternalBlue es un exploit de la NSA que se implementó en los sistemas operativos Windows más antiguos. Microsoft había creado parches y los había lanzado anteriormente para hacer frente a este defecto. La mayoría de los que se vieron afectados ignoraron el parche o estaban utilizando sistemas Windows más antiguos que ya no eran compatibles. A través del protocolo de bloqueo de mensajes de servidor de Windows (SMB), los paquetes de datos dañinos se pueden enviar al dispositivo sin ser detectados. Los piratas informáticos cifraron los datos en las máquinas de las víctimas, exigiendo un rescate en Bitcoin.

Microsoft respondió lanzando un parche de emergencia, ayudándoles a detener el ataque en pocos días. Investigaciones posteriores también revelaron un interruptor de muerte que impidió que los ordenadores infectados se hicieran eco de la infección a las redes a las que estaban conectados. Este ataque fue culpado formalmente a Corea del Norte por Australia, el Reino Unido y estados Unidos en diciembre de 2017.

Transformación digital

Todo el mundo habla de la informática en la nube u ofrece servicios en la nube de vez en cuando. La mayoría de las empresas y los individuos están migrando su acceso a los hosts de servicio en la nube. Con la mayoría de las personas migrando a la nube, es necesario examinar cuidadosamente los procesos de migración. Los hackers entienden que las empresas están tratando de reducir los costos operativos y reducir o eliminar el tiempo de inactividad. También podrían aprovechar esto y respaldar el ejercicio de migración, y luego atacar a los proveedores de nube y sus clientes desde dentro.

Ataques nación-estado

Rusia es notoriamente culpable de ciberataques dirigidos para lograr objetivos más grandes desconocidos. Hace un tiempo, el FBI reveló que más de medio millón de routers de oficinas en casa fueron infectados por el grupo Sofacy, un actor de amenazas ruso. Esta brecha también afectó a las redes conectadas a dispositivos de almacenamiento en todo el mundo, lo que permite a los piratas informáticos suficiente espacio para controlar los sistemas de forma remota. Teniendo en cuenta que la mayoría de los dispositivos IoT están mal protegidos, puede esperar que muchos otros países salten en este vagón.

Armación de datos

¿Sabía que sus datos e información personal se pueden utilizar en su contra? Esta es una tendencia que ha crecido a lo largo de los años y sólo empeorará a medida que los hackers se vuelvan más sofisticados. Los gigantes tecnológicos están haciendo todo lo posible para proteger su información. Sin embargo, ¿realmente están haciendo lo suficiente? Mira el caso de Facebook, por ejemplo. Admitieron haber uso de correspondencia privada y datos personales en su poder para generar beneficios por valor de miles de millones de dólares. Cuando te gusta o sigues ciertas marcas en Facebook, también ofreces alguna información sobre ti mismo. Esto permite a Facebook una mirada en profundidad a tu vida, conocimiento que se convierte en un cofre del tesoro para los anunciantes.

Facebook también ha sido acusado de manipular los estados de[28] ánimo de sus usuarios a través de un experimento de contagio emocional. Facebook también estaba en el centro de las infames prácticas de manipulación electoral de Cambridge Analytica. Imagine nasear una red social tan poderosa que pueda utilizar sus datos para influir en las elecciones en más de un país soberano.

---

[28] https://www.forbes.com/sites/gregorymcneal/2014/06/28/facebook-manipulated-user-news-feeds-to-create-emotional-contagion/#218a866839dc

Ahora, piensa en los hackers que ejercen tanto poder; podría ser caótico.

Ataques por satélite

Las comunicaciones por satélite han interesado a varios grupos de hackeos en el pasado. Symantec informó de un hackeo tan exitoso que se dirigió a empresas de telecomunicaciones en el sudeste asiático, especialmente las empresas de imágenes y cartografía geoespacial. Las comunicaciones por satélite que los militares, aviones y barcos utilizan para acceder a Internet también tienen algunas vulnerabilidades que pueden ser explotadas.

Algunos de estos escenarios pintan una imagen sombría del futuro, pero aún no se ha perdido todo. Los expertos creen que la autenticación multifactor debe ser implementada por todas las empresas. Muchas empresas todavía usan contraseñas como su única línea de defensa. La mayoría de las empresas y estados han estudiado la legislación del RGPD y están adoptando versiones de la misma que son relevantes para su causa. En California, por ejemplo, a partir del año 2020, los consumidores pueden demandar a las empresas después de una violación de datos. Las infracciones y vulnerabilidades podrían ser imposibles de eliminar. Sin embargo, podemos hacer muchas cosas para evitar la caída de víctimas y mejorar nuestras posibilidades de prevenir el desastre.

Conclusión

Nadie está a salvo. Alguien siempre está mirando.

Estas dos declaraciones pueden parecer simples, pero tienen más significado del que usted puede ser consciente. Debe estar atento en el ciberespacio si va a mantenerse a salvo. Los hackers siempre están pescando en Internet, con la esperanza de abalanzarse sobre cualquier vulnerabilidad en su sistema. ¿Qué puedes hacer al respecto? ¿Cómo deberías hacerlo?

En verdad, la protección completa una vez que te conectas a Internet es un mito. Nadie puede garantizarle con 100 por ciento de certeza que protegerán sus dispositivos y redes por completo. Siempre hay margen de error. Debes ser razonable y admitirlo.

Al igual que la mayoría de las redes de comunicación, el ciberespacio se puede utilizar para buenas y malas actividades de la misma manera. Los elementos que lo hacen increíble y te permiten seguir tu negocio sin problemas son los mismos elementos que lo convierten en una pesadilla para otros. Todo el mundo disfruta de acceso a Internet conveniente. A los hackers les encanta aún más, porque les permite utilizar sus recursos en su contra.

La diversidad del mundo digital exige que tome precauciones adicionales al administrar su red. Hay mucho en juego. La seguridad de los datos no se trata solo de proteger los datos financieros, sino también de proteger el consumo de registros, la divulgación y la implementación de las medidas punitivas necesarias para mitigar la pérdida de datos. Durante mucho tiempo, muchas empresas no han desempeñado su papel en la protección de los datos de los consumidores. Esto conduce a la incertidumbre cuando son hackeados.

Muchas organizaciones se encuentran en el extremo equivocado de la legislación y bajo una intensa presión para reaccionar a la luz del aumento dinámico de las amenazas cibernéticas. La ciberseguridad es una batalla que no parece tener un fin a la vista. Los hackers evolucionan tanto como el espacio digital. En su mayor parte, muchos de los problemas que encontramos en la seguridad cibernética son el resultado de la naturaleza de la tecnología, la complejidad y la influencia humana, especialmente en términos de juzgar acciones e información para determinar si son seguros.

En un futuro previsible, los mismos riesgos seguirán siendo inminentes. Sin embargo, probablemente serán más complejos, a la luz de la posibilidad de amenazas cibernéticas avanzadas. Estamos viendo un futuro en el que la inteligencia artificial toma el centro del escenario. El internet de las cosas habrá llegado a la edad, y la computación cuántica posiblemente estará cerca de la realidad.

Cada día, las corporaciones trabajan duro para llegar a nuevos mecanismos de defensa para mitigar las amenazas más antiguas para que nunca vuelvan a molestar a nadie. Sin embargo, los hackers toman esto como un desafío para mejorar sus sistemas. Se adaptan y crean nuevas herramientas y técnicas para explotar las vulnerabilidades en los diferentes sistemas que se encuentran.

Lo interesante de la seguridad cibernética es que no podemos ignorarla. La tecnología se ha convertido en una parte integral de nuestras vidas. Hay tantas cosas que hacemos hoy en día que serían inimaginables sin tecnología. Un apagón en un sector podría castigar a todo un país. El crecimiento de los sistemas de TI y la innovación es inminente, al igual que las amenazas que conlleva.

La innovación genera una tecnología increíble. Esta tecnología es importante para dar forma al futuro del mundo. Al mismo tiempo, terroristas, hackers y otros criminales también ven los beneficios de esta tecnología, aunque en una perspectiva diferente en comparación con el resto de nosotros. A medida que más personas obtienen acceso a Internet, el alcance de la posible víctima se amplía, y el número potencial de hackers también aumenta.

Sin embargo, todos los hacks no son malos. Como hemos visto anteriormente, algunos hackers son buenos y los necesitamos. Estos son hackers de sombrero blanco. Los hackers de sombrero blanco pueden ser un arsenal importante en su cofre de guerra. Ayudan a monitorear su red y dispositivos y realizar hacks de penetración en su sistema, informándose a usted sobre la vulnerabilidad de su red.

Sin estos hackers, sería casi imposible adelantarse a un ataque o eludirlo.

Mejorar la seguridad cibernética no es algo único. Esta es una preocupación que todas las partes involucradas deben tener en cuenta. En el momento en que llevas a cabo una unidad de seguridad cibernética y descansa tranquilo asumiendo que todo está bien es el momento, tu debilidad está expuesta. Recuerde que los piratas informáticos siempre están trabajando durante todo el día para adaptarse y superar los parches de seguridad lanzados con frecuencia. Si los hackers no se toman un descanso, ¿por qué deberían hacerlo?

Muchos proveedores han implementado medidas de seguridad en su hardware y programas, para garantizar que sus usuarios estén protegidos. La mayoría de los productos que utilizamos hoy en día son más seguros que versiones similares de hace unos años. Esto es una señal de que a medida que la tecnología cambia, también lo hace la necesidad de aumentar la seguridad, y al mismo tiempo, garantizar que los usuarios de servicios públicos derivan de los productos o servicios no se ve comprometida. Sin algunos de estos esfuerzos, las amenazas a la seguridad cibernética serían inimaginables.

El último problema con respecto a la seguridad cibernética no es sólo resolver los problemas de seguridad cibernética, pero cómo gestionarlos. Estos problemas siempre existirán. El enfoque de la seguridad cibernética no es diferente de lo que hacemos sobre el abuso de drogas, el hambre, la delincuencia y el terrorismo. Sólo podemos manejarlos lo mejor que podamos. Dependiendo del escenario o entorno, los riesgos de seguridad cibernética pueden disminuir o empeorar. Algunos ataques son oportunistas y simplemente se aprovechan de una víctima que está abajo en su suerte.

La mayoría de los adversarios tienen más de una víctima objetivo. Si el primero mejora sus sistemas antes de atacar, fallan y pasan a la siguiente víctima. Por lo tanto, los ciberataques también podrían ser una cuestión de oportunidad y oportunidad. Adaptarse puede ser caro, pero es una inversión digna.

Debemos esforzarnos por establecer una cultura de seguridad en la que todos los involucrados en el ciclo de vida de los sistemas de seguridad desempeñen un papel importante en la protección de estos sistemas. Desde los desarrolladores hasta los usuarios finales, todo el mundo tiene un papel que desempeñar en la protección de sus redes y sistemas. Lo que esta cultura pondría en el centro es un entorno en el que la colaboración en general es una realidad.

Si esto pasara, los equipos de desarrolladores crearían servicios y productos que operan bajo directrices específicas para crear protocolos de seguridad en sus servicios y productos. Esto por sí solo ayudaría a mejorar la resiliencia de la mayoría de los sistemas y mejoraría su funcionalidad.

La seguridad no debe implementarse como un complemento. En su lugar, debe aparecer en el nivel de desarrollo principal. La seguridad debe ser un elemento integral en el diseño básico de la arquitectura informática. El hardware y el software deben tener características de seguridad implementadas en sus blueprints, en lugar de implementarse a nivel de consumidor.

Lo que es más importante, los usuarios finales necesitan una formación adecuada y concienciar de los riesgos a los que están expuestos. La mayoría de las personas son víctimas de hacks no porque sean vulnerables, sino porque ignoran el status quo.

Para las organizaciones, las empresas y otras entidades, una evaluación de riesgos es obligatoria si quieren sobrevivir a las avalanchas cibernéticas persistentes. Los consejos de administración de hoy en día tienen más discusiones sobre la seguridad cibernética que nunca antes. Esto es algo bueno, porque necesitan garantías de que sus operaciones son totalmente compatibles y entienden las tendencias tecnológicas y la influencia que tiene en sus clientes. La mayoría de estas discusiones se llevan a cabo después de recibir el apoyo de expertos en tecnología en la industria. El apoyo se puede ofrecer de varias maneras, pero tiene como objetivo mejorar los procesos de decisión de gestión y ayudar a los responsables de la toma de decisiones a crear e implementar nuevas estrategias.

También debemos darnos cuenta de que la tecnología sirve como un motor de crecimiento y negocios y como facilitador. Si bien la dirección buscará apoyo financiero para mejorar la seguridad o invertir en algunos de los mejores sistemas de seguridad, también deben darse cuenta del aspecto de valor adicional de estas decisiones y el impacto que dichas propuestas tendrán en el negocio.

En este punto en el tiempo, la seguridad cibernética es casi una llamada de vida. Es algo que aprendes desde una edad temprana, y llevas las lecciones contigo a lo largo de tu vida. Más dispositivos se conectarán a Internet en el futuro. Todos estos dispositivos son potenciales para la piratería. ¿Significa esto que debemos detener la innovación por miedo a la piratería? No. La raza humana es una especie resiliente. Nos mantenemos de pie cuando nos enfrentamos a adversarios. Cuando nos golpean, no nos damos por vencidos. Nos reagrupamos, diseñamos estrategias y volvemos más fuertes.

Referencias

Fischer, J. E. (2005). *Tecnologías de doble uso: progresoinable, peligro inseparable un informe del proyecto sobre futuros tecnológicos y poder global, riqueza y conflictos. Serie CSIS sobre futuros tecnológicos y poder, riqueza y conflictos globales.* Washington, D.C.: Prensa CSIS.

Foro, W. E. (2012). Repensar los datos personales: Fortalecer la confianza.

Friedman, J., Metzler, I., Detmer, D., Selzer, D., & Meara, J. G. (2012). Tecnología de la información de salud, criterios de uso significativos y sus efectos en los cirujanos. *Boletín del Colegio Americano de Cirujanos, 97(7),*12–19.

Gujrathi, S. (2014). Error de heartbleed: Vulnerabilidad de latidos anOpenSSL.

Guo, B. (2016). Por qué los hackers se convierten en crackers – Un análisis de los conflictos enfrentados por los hackers. *Investigación de la Administración Pública, 5(*1).

Gupta, S. (2019). *Hacking etico – Aprender los Conceptos Básicos: Obtener los Conceptos Básicos de la Piratería Etica.* Apress.

Hunter, D., & Huntert, D. (2003). El ciberespacio como lugar y la tragedia del ciberespacio anticomún digital como lugar y la tragedia de los anticomunes digitales, *91.*

Iagolnitzer, Y., Krzanik, P., & Susini, J.-F. (2013). Middleware para el Internet de las Cosas: Estándares. En *RFID e Internet de las cosas: Chabanne/RFID y el Internet de las cosas* (pp. 217–243). John Wiley & Sons, Inc.

Kohl, U. (2015). Jurisdicción en el ciberespacio. En N. Tsagourias & R. Buchan, *Research Handbook on International Law and Cyberspace* (pp. 30–54). Edward Elgar Publishing.

Li, C. (2019). Derrota al Ataque de Man-in-the-Middle. En C. Li & M. Qiu, Aprendizaje de *Refuerzo para Sistemas Ciberfísicos: con Casos de Ciberseguridad* (pp. 189–204). Chapman y Hall/CRC.

Meredith, S. (2005). Ofreciendo opciones de trabajo flexibles y remotas en IBM. *Examen estratégico de recursos humanos, 5(*1).

Noor, S., Ahmed, M., Saqib, M. N., Abdullah-Al-Wadud, M., Islam, M. S., & Fazal-e-Amin. (2017). Ontología para la detección de ataques: Enfoque basado en la semántica para la seguridad de datos genómicos. *Journal of Medical Imaging and Health Informatics, 7(*6).

Corea del Norte culpó de WannaCry, ataques PoS y phishing Bitcoin. (2018). Seguridad de la *red, 2018(*1).

Popli, N. K., & Girdhar, A. (2017). WannaCry Análisis de malware. *MERI-Journal of Management & IT, 10(*2).

Sánchez, J. (2014). El problema de la Sangre del Corazón de la NSA es el problema con la NSA.

Véase M. R. (2003). La Sociedad Americana para el cumplimiento de HIPAA* presenta: HIPAA SAP I, Un programa de autoevaluación de HIPAA. *ACC Current Journal Review, 12(*3).

Smouter, K. (2018). El año del RGPD: EL Año del RGPD. *Research World, 2018(*68).

Vegh, S. (2002). ¿Hacktivistas o ciberterroristas? El discurso cambiante de los medios sobre la piratería. *Primer lunes, 7(*10).